JN102333

アクティブ・ラーニングのための

マーケティング・ショートケース

ビジネススクール流思考力トレーニング

余田拓郎・田嶋規雄・川北眞紀子 ［著］

中央経済社

目 次

イントロダクション
──ショートケースでの学び方

ケースメソッドによる教育は，ビジネススクールはもとより企業セミナーや研修，さらには大学教育でも広く普及してきた。企業環境が大きく変化する中，「考える」ことがますます重要になっていることの結果だろう。

ケースメソッドは，考えることに主眼を置いた教育手法である。受講者は，個人研究（予習），グループ討議，クラス討議の3段階を通じて与えられたケース教材にそって，多面的に分析し，課題を明らかにし，意思決定を行うのである。もちろん，こういったプロセスは有価証券報告書や雑誌記事などによる資料集によっても可能である。あるいは，企業のOJT（On the Job Training）も同じような効果が期待できるだろう。ケースメソッドでは予習と授業がおおむね6時間ワンセットになっており，コンパクトに凝縮されているところにその特長がある。その結果，一日に2ケース，1週間に10ケースといった具合に回数を重ねて，分析や意思決定のトレーニングが可能になるのである。

ケースメソッドで重要なことは，クラス討議やグループ討議を実りあるものにするための受講生の個人予習である。理想的には1ケースあたり3時間程度の予習が欠かせない。ビジネススクールや企業などで1日の授業・研修を行う場合は，通常，2ケースを使用することになるが，そうなると前日までに6時間の予習時間を確保することが必要である。会社に勤務しながらこういった時間をとることは容易ではないし，ビジネススクールの学生や大学生であってもある程度の負荷は避けられないものとなる。ましてや，ケース教育になれていない受講生であれば，さらに負荷がかかることになる。

筆者は，所属する慶應ビジネススクールなどで20年以上ケースメソッド教育に携わってきた。その間ケースメソッド教育の有用性を肌で感じてきたのであるが，一方，さらに短時間の予習で実りのある研修や授業が行えない

かという思いをもっていた。企業研修などでは，日常業務の合間に研修が行われることが多く，どうしても個人予習がおろそかになりがちである。予習が不十分だと，当然のこととして深い議論は期待できないし，また，ケースの事実関係を確認するだけに時間を費やすことになってしまう。

　ショートケースに注目するきっかけとなったのは，われわれの恩師でもある嶋口充輝先生（慶應義塾大学名誉教授）のケース授業への参加であった。嶋口先生は，本章でも掲載させて頂く「ある日の午後の喫茶店風景」や，あるいは「片岡物産株式会社」などのショートケースを使用して，活発なクラス討議を引き出されていた。これらのケースはたかだか2ページのケースなのだが，ディスカッションの深みといえば10ページ，20ページの長いケースに引けをとらない。2時間でも3時間でも議論を続けることが可能である。

　しかしながら，このケースに必要な予習といえば，およそ30分もあれば十分なのである。30分程度であれば，授業や研修中に配布して，その場で個人予習をすることも可能だろう。慶應ビジネススクールには，2,500点を超えるケース教材が登録されている。この中には，日本が世界に誇るカンバン方式（トヨタ自動車）やコンビニエンス・ストア（セブン–イレブン・ジャパン）のケース，あるいはAmazonやGoogleといった最先端をいくグローバル企業などあらゆる領域に膨大な数のケース教材が登録されている。しかし，その中で最も使用頻度が高いのが，これらのショートケースである。そして，慶應ビジネススクールでは入学と同時に行われる合宿やセミナーのオリエンテーションなどで現在も使用され続けているのである。

　われわれは，この喫茶店のケースと同じようなショートケースで，授業や研修をより効率的に進められないものだろうか，という共通の問題意識とともに本書の執筆に取りかかった。

　まずは，典型的なショートケースとして上で述べた「ある日の午後の喫茶店風景」(嶋口 1984)を読んでいただきたい。

ある日の午後の喫茶店風景

　慶応ビジネススクール（KBS）の近くに小さな喫茶店がある。その喫茶店は，横浜のはずれ東急日吉駅から歩いて10分ほどのところに位置している。若夫婦二人でやっている店で，場所はさほど便利というわけではないし，近くにいくつか他の喫茶店もあるのだが，結構，学生や近所の客でにぎわっている。

　コーヒー専門店と看板を出しているこの喫茶店では，当然各種コーヒーを中心として，その関連の飲み物一般を売っている。15人も入ればおそらく一杯になってしまうこの店には，いろいろなタイプの人が集まっている。

　ある中年すぎの品のよい紳士客が，いかにもコーヒー通という感じで，カウンター越しにこの店の主人と，世界のコーヒーの味の違いやおいしいコーヒー店などに関してコーヒー談義をやっている。なるほど，キリマンジャロ，メキシカン，ブルーマウンテン，…　などとコーヒー専門店らしくこの店の壁にかけたメニューには，各種のコーヒーが取りそろえてある。この紳士はサイフォンでつくられた香りの良いコーヒーを前に，いかにも楽しげな様子だ。

　別の席には，大学1，2年ほどの若い学生3人が，クラブ活動の帰りであろうか，スポーツバッグを足下のフロアーにおいて互いに無口のまま一心に備え付けのマンガ週刊誌を読んでいる。コーヒーを飲むのさえも忘れたように，ひたすらマンガに集中している。冷えたコーヒーはもちろんのこと，まわりの話し声も，適度に音を抑えたジャズ風の音楽もまったく関心外であるようだ。

　その静かな一団の横では，授業の疲れと興奮をそのままその店に持ち込んだと思われる近くのKBSの学生がワイワイと，教師の批判やらゼミの続きの議論をやっている。ときどき爆発的に起こる大きな笑いの渦とやや傍若無人気味の声高な話し声は，カウンターに座ってコーヒーの味を楽しんでいる中年紳士にいくらか不快な気持ちを起こさせたようだが，さりとてその紳士もとりたてて彼らに注意をするほどにはなっていない。

　店のやや奥まった一角には，近所の老夫婦が，紅茶を前にのんびりと若者た
ちの話をきいている。年のころ，70歳前後のこの老夫婦は時折，お互い同士
でポツポツと話をする以外とりたてて話題もないようで，はたからは何となく
ほのぼのとした平和な感じにみえる。ウエイトレス役のこの店の奥さんに向
かって，身近な話をしているようで，当の奥さんも愛想良く応対している。

　カウンターの一番隅の方に，一人の大学の先生がアメリカン・コーヒーを前
にポツンと座っている。時折，店の全体を見回したり，持ってきた論文のコ
ピーを読んだりしているが，おそらく研究室から授業の合間か暇な時間を利用
してきているのであろう。研究室では，いつでもコーヒーが飲めるのにわざわ
ざこの喫茶店に来るのは，この店にその先生をひきつける何かがあるからなの
であろうか。

　この喫茶店の若夫婦のうち，主人はカウンターに入り，おいしい香りの各種
コーヒーをサイフォンで入れ，時折，客の様子を見ながら，室内に流すステレ
オ音楽の選定をする。長身でハンサムな主人は，比較的無口で，もっぱら注文
に応じて黙々と仕事をしているようにみえる。奥さんは，キャッシャーと飲物
をテーブルに運ぶウエイトレス役で，いつもニコニコと愛嬌のある笑いと控え
めな客との対話に人気がある。二人とも，七分〜八分の今日の客の入りにまあ
満足しているようだ。店の主人によれば，今日の店の客はだいたい普段の客の
タイプを平均的にあらわしているという。

　数年前まで，当喫茶店は，この地域にはほとんど競争らしきものがなかった
が，今後は徐々に競争が激しくなっていくであろうことが予想された。

出所：嶋口充輝『戦略的マーケティングの論理─需要調整・社会対応・競争対応の科
　　　学』誠文堂新光社，1984年，pp.141-142。

**設問：競争激化が見込まれる中，この喫茶店は今後どうすればよいでしょうか。
　　　具体的な施策を考えてください**

このショートケースは，慶應ビジネススクールの入学合宿の冒頭で長年にわたって使用されているケースである。マーケティングのフレームワークを理解することをねらいとして使用されているものである。

　受講生には，まず個々にこのショートケースを読んでもらい，それぞれどのような施策が考えられるか検討してもらう。前日までに考えてもらってもよいし，授業や研修当日配布してその場で考えてもらってもよい。その後，時間があればグループごとに島を作ってもらい，それぞれのグループで議論を深めてもらう。ただし，このケースのように短めのショートケースでは，このグループ討議を省略してもよいだろう。

　そして，クラス討議へと移ることになる。クラス討議では，ケースに記述されている設問を投げかけ，受講生の発言を引き出していくことになる。おそらく，メニューを充実させたらよいのではないか，テイクアウトやデリバリーなどのサービスを追加してはどうか，グループ客と他の客との間にパーティションをもうけるべきだ，あるいは顧客の囲い込みのためにポイントカードを始めては？，等々さまざまな具体策が提案される。

　それぞれの提案はそれなりに目的をもった意義のあるものなのだが，それをすべて実行に移すのかという問題に直面することになる。つまり，それぞれの提案は暗黙のうちに特定の顧客のニーズを想定したものであり，そして，すべての顧客のニーズを満たすべきなのかどうかという疑問が生じることになる。

　まず，顧客がどんな目的でこの喫茶店を訪れているのか，つまり顧客のニーズの分析が必要になるだろう。そして，顧客は必ずしもこの喫茶店の本格的なコーヒーを飲むために来店しているわけではなく，多様なニーズをもっていることにあらためて気付くことになる。その結果，顧客層がきわめて幅広く，今後現状に近いかたちで顧客層を広くとる方がよいのか，あるいは顧客層を絞る方がよいのか，といった具合に議論が拡がっていくことになる。

　ショートケースによるケース教育はこのように進んでいくことになる。「ある日の午後の喫茶店風景」のこれ以降のケース討議は実際の研修・授業

に委ねることとして，以下においては，本書の具体的な活用方法を紹介することとする。

個人予習

　ケースメソッドではまず個人研究（予習）が行われる。ビジネススクールなどでは，一日に２ケースが設定されることが一般的であり，前日に予習することを想定して，おおむね３時間程度で個人予習が終わるようなボリュームになっていることが多い。実際には，わからない用語を調べたり，あるいは，補足的にテキストを読んだりすることから，さらに時間を要することになる。一方，本書で扱われるのはショートケースであり，個人予習に要する時間を節約することがねらいである。もちろん，そのあとに続くグループ討議やクラス討議で有意義な議論がなされなければ本末転倒であるため，個人予習でもいくつかの留意すべき点がある。

　ショートケースとはいえ，ただ漫然とケースを読むのではない。通常，ケースには設問を設定してあり，設問に対する解答をきっちりと自分の言葉で考えておくことが求められる。その際に重要なことは次の２点である。

　まず，深く掘り下げることである。一般的な長いケース教材であっても同様なのだが，ケースメソッドでは論理的空白がないよう「なぜなぜなぜなぜ，そしてなぜ」と「なぜ」を繰り返し深堀りすることが要求される。ショートケースでは，とりわけ限られた情報で意思決定することが求められることから，通常のケースより，より深堀りするような個人予習が欠かせないだろう。

　次に重要な点は，その結果として「なにが企業にメリットになるのか，どんな問題が起こりそうか」である。その際，良いこと悪いこと両面から検討されなければならない。

　限られた情報であっても，意思決定に関連して多面的な検討や考察も必要になってくる。情報が少ないから，検討すべき対象やイシューが少ないということにはならない。一方，限られた情報を補うためにインターネットや雑誌・新聞で情報を追加的に取得する必要はない。先にも述べたとおり，ケースメソッドの特長は，そのコンパクトさにある。にもかかわらず，企業の

ホームページや有価証券報告書などで情報を追加して分析し意思決定をしようとするのは，ケースメソッドの趣旨からは乖離することになる。アクセスできる情報を集めながら予習を始めると，数日あっても，あるいは1週間あっても終わらないだろう。ケース教材に書かれてある情報にそって分析し，そのほかには分からない用語や分析ツールの学習などにとどめるのが個人予習を進める上での重要な点である。

グループ討議

　ケースメソッド教育では，個人予習の後にはグループ討議を入れることが多い。ビジネススクールでは10名前後，受講者数が限られるような企業研修では，4〜6名程度でグループを構成する。多くなりすぎると，フリーライドする受講生が増えることになる一方，少ないとグループ討議での議論が活発になりにくく，その結果議論が多面的になりにくいのでグループ討議の人数には留意が必要である。

　慶應ビジネススクールでは，グループ討議室が設けられているが，企業研修などで討議室を個別に確保できない場合には，クラス討議に使う教室でグループごとに島をつくり討議することになる。その場合であってもグループごとにホワイトボードを確保することが望ましい。筆者らの経験では，ホワイトボードがない場合のグループ討議では，個人予習の延長のような雰囲気になってしまい，議論が活発化しない，もしくは議論が始まるまでに時間を要すことになってしまう。

　通常のケース教材では，60分〜90分程度の討議時間が設定されるが，本書のようなショートケースであれば，その半分程度でも可能である。つまり，先述の個人予習とグループ討議を合わせておおむね90分以内を想定している。そうすることによって，当日ケース教材を配布し，その場で個人予習を行い，引き続きグループ討議へと移ることが可能となるだろう。一方，本書に掲載したような2頁〜4頁程度のショートケースでは，グループ討議を短縮するだけでなく，省略することも可能である。つまり，個人予習からそのままクラス討議へと移ることによって，さらにコンパクトに授業や研修を進

めてもよい。

　グループ討議の進め方は，後述するクラス討議の進め方と関連して大きく2とおりのスタイルが考えられる。一つ目は，オーソドックスなケースメソッドスタイルである。つまり，ディスカッション形式のクラス討議を予定する場合である。その場合，グループ討議の目的は，グループごとに意思決定についての合意を得たり，あるいはグループ単位での発表に向けた資料を作成したりすることではない。クラス討議に加わるための頭の整理である。あるいは，グループ討議を進める中で，個人研究では気づかなかった新たな論点に気づくかもしれない。クラス討議では発言できないような本音のやりとりが戦わされることによって密度の濃い議論が期待できる。

　もう一つのスタイルが，クラス討議をグループごとの発表を中心に進行する場合である。ケースメソッドに慣れていないような企業研修などでは重宝される。ただし，ケースメソッドの本来の目的は，個々人の分析や意思決定能力の向上にあるので，グループでの意見の集約や発表スキルを高めることは副次的な効果であることは認識しておかなければならない。また，発表形式の場合は，ショートケースといえども資料作成に時間を要するため，グループ討議時間も討論形式より多めにとることが必要だろう。

　グループ討議を進める上でのポイントは，形式張って一人一人順繰りに設問に対する解答を披露しないことである。ケースメソッドは凝縮された教育スタイルであるから，そもそもあまり形式張った進行は求められていない。グループ討議でも，短時間で論点の中心に到達するような工夫が受講者に期待される。そのためには，設問にそってブレーンストーミングを行うような雰囲気が望ましい。

クラス討議

　ケースメソッド教育の最大の特徴は，ディスカッション形式で進められるクラス討議にある。もちろん，上で述べたとおりグループ単位での発表という形式でも可能であるが，その場合であっても，発表の後に，質疑応答を含め議論を戦わせる方が望ましいだろう。発表形式は，多人数でのディスカッ

ションになれていない企業研修で円滑に議論への参加を促すことが期待できる。また，ビジネススクールなどでも，ディスカッション形式では議論に加わりにくいような学生にも発言（発表）の機会を提供できるメリットがある。とはいえ，やはりケースメソッドの醍醐味は，ディスカッション形式でのクラス討議であり，仮に発表形式を採用する場合であっても，発表後に討論を行うべきだろう。

　クラス討議を進める上でのポイントとして，大きく３つのことを強調しておきたい。第一に，ハードウエアであり，討議が促進されやすいような座席配置が求められる。その際に重要なことは，受講生どうしで顔を見ることができることと，発言を聞き取りやすいようにすることである。講師はマイクを使用することができるが，受講生の発言では一々マイクを渡して発言させることはむずかしい。学生の発言が聞き取りにくい場合は，教員が発言する学生の近くに行って，その発言を復唱するなどの工夫が欠かせない。また，後述するように板書が重要であるため，講師用に黒板やホワイトボードが３〜４枚必要になる。

　次に，ボードプランである。ケースメソッドでは，発言やディスカッションがアンコントローラブルになるのは仕方ないとしても，やはり授業で期待される枠組の理解やディスカッションポイントも存在する。その際授業をコントロールするため，ボードプランが必要になってくる。

　ボードプランとは，授業が終了したときに書かれている黒板の内容を指している。従って，講師はクラス討議の準備のためティーチングノートを作成する際，黒板の最終の状態を作り込んでおくべきである。そして，その黒板のイメージを頭の中に描いた上で討論を進めていくことになる。討論の途中のプロセスには，過度に干渉しないよう注意しなければならない。

　そして３点目が，授業への入りである。ケースメソッドは，受講生の発言がすべてである。よって，発言しやすいような雰囲気をつくらなければならない。いわゆるつかみである。これは，通常の講義形式でも同じなのだが，ケースメソッドでは発言がしやすいよう，最初の質問は論理とか知識を問う質問ではなく，誰でも答えられる質問からスタートするのも有効である。発

言がなければ指名すればよいではないかと思われるかもしれないが，そもそもケースメソッド教育では受け身での受講を期待しているわけではない。さらにいえば，考えをもってない人に無理に発言してもらうことは時間の無駄であり，受講生全員の貴重な時間が意味もなく過ぎていくことになりかねない。

ケース教材は，ある時代の，ある国の，ある産業の，ある企業の事例でしかない。よって，扱われた企業事例をそのまま横展開すればよいということでは決してない。必要なことは，ケースの事例にそって「考える」ことを通じて，将来受講生が置かれた環境において質の高い意思決定ができるようにすることである。そして，そのための考える力を身につけ，一般化する能力を高めていくことが期待される。

そのように考えるならば，海外のケースであっても，あるいは古いケースであっても，さらには年代や企業名などが偽装されていたとしても，なんら関係のないことである。しかしながら，受講生からすれば，ケースが古すぎて現代に当てはまるとは到底思われない，あるいは生産財のマーケティングを学びたいのに，消費財の教材から何が学び取れるというのか，といった不満がしばしば寄せられる。それによってケースへの関心が薄れ，予習などの取り組みに支障があるようでは本末転倒である。この問題に対して講師がすべきことは，ケースメソッドの目的を事前にしっかりと説明するとともに，当該ケースで何を取り上げたいのかについて補足説明することが重要である。

一方，授業や研修のまとめとして，講義や当該企業のその後について補足することも，ケースメソッドの本来の目的を考えれば必ずしも必要はない。ただし，短期間のセミナーや研修では，クラス討議で議論されなかったイシューを補足したり，あるいは，分析のために必要なツールやフレームワークを説明したりすることは有益だろう。取り上げた企業のその後についても，おそらく受講生は関心があるだろうから，説明を加えておく方が満足度は高まる。

本書の活用方法

　本書で取り上げるケースについて，主たるディスカッションポイントと関連するイシューを一覧表に示したものが巻頭に添付した〈ケース一覧〉（pp. 4-5）である。授業や研修で議論したいテーマにそって，本書のケース教材が選べるように配慮した。マーケティングは企業環境への対応として戦略や活動が検討されなければならないため，4つの環境領域，つまり顧客対応，競争対応，取引対応，組織対応に分けてある。

　ケース教材は，ディスカッションポイントが多様である点に特徴がある。たとえば，このケースはおおむねプロモーションの議論をしたい，このケースは価格付け（プライシング）のケースだ，といったねらいはあるのだが，実際の授業や研修においては，受講生の関心に重点が置かれるため，プロモーションに限らずセグメンテーションやプライシングなど関連するイシューにも議論が拡がりうる。また，それもケースメソッドの良い点である。

　本書で取り上げるケースは，通常のショートケース（中級編）に加え，ケースに初めて接する学生や受講生を想定した初級編，また，より多くの情報を盛り込み少し長めの構成とした応用編の3つのレベルで構成されている。それぞれのケースには巻末もしくは各ケースの末尾に予習しやすいよう設問をもうけてある。設問は，クラス討議で取り上げる内容としてというよりは，一人で予習する際に取っかかりやすいようにもうけている。

　受講生はこの設問に対する解答を準備しておくのはもちろんだが，自分なりに課題を設定し，それに対する分析や意思決定を考えておくのも重要な視点となる。設問だけに答えるような予習は，視野を狭めてしまうことから決して好ましくないことには留意が必要である。したがって，受講生がケースに慣れてくれば，巻末の設問を提示すること（みること）なく，予習〜討議に臨むのも大いに推奨される。

　それぞれのケースには，初学者であっても独学で予習ができるように，巻末にキーワードと参考文献を掲載してある。ここに書かれているキーワードを手がかりに予習する必要があるのだが，本書は決してテキストではないので，用語が分からなければ予習段階でテキストや参考書などを使って確認し

ておくことが求められる。

　本書の活用フローを図表1に示す。このフローは，討論形式での授業を想定しているが，グループごとの発表形式でも違いはない。ただし，ショートケースでは提示されている情報が限られているので，自ずと発表内容や時間は限られたものになる。発表形式の場合，ケースに含まれる情報が多い方が発表内容も充実するため，本書では応用ケースをもうけてある。応用ケースもクラス討議を想定したものではあるが，発表形式もできるよう若干長めのショートケースとしている。

図表1 ● ケースメソッドのフロー

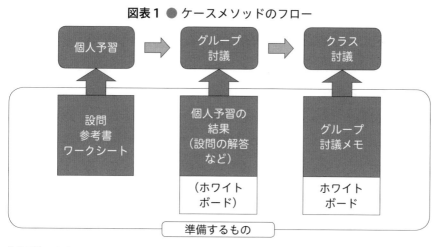

［謝辞］　本章のケースは，嶋口充輝著『戦略的マーケティングの論理―需要調整・社会対応・競争対応の科学』誠文堂新光社に掲載されているケースである。嶋口充輝先生のご厚意により本書への転載を許可頂いたものである。ここに感謝申し上げたい。

【引用文献】
竹内伸一（著），高木晴夫(監修)『ケースメソッド教授法入門―理論・技法・演習・ココロ』慶應義塾大学出版会，2010年。
ルイス・B. バーンズ，C. ローランド・クリステンセン，アビー・J. ハンセン（著），高木晴夫（翻訳）『ケースメソッド 実践原理―ディスカッション・リーダーシップの本質』ダイヤモンド社，1997年。
池尾恭一『マーケティング・ケーススタディ』碩学舎，2015年。

1

山田太郎氏，
豆腐屋を継ぐ

　山田太郎氏は，父親が経営する小さな豆腐メーカーを継ぐことになった。父親は，小さな豆腐工場で，毎日地道に生産し近所のスーパーに卸していたが，その経営は苦しかった。そもそも，豆腐はどこの豆腐でもさほど変わりがなく，スーパーからは「安くしないなら他の工場から買うよ」と言われてしまうことが多かったからだ。つまり，他のメーカーの豆腐と自社の豆腐は，それほど違いのない豆腐であった。中には，枝豆やゆずのフレーバー豆腐といった味付けがしてあるものや，小分けし3パックにしたものなど，製品に特色を出そうとしたものもあったものの，基本はどんな料理にでも使うことができる白い豆腐が多く売られていた。スーパーでの豆腐の平均価格は1丁100円前後であり，安いときには1丁50円以下で売られていた。一方高級なものは300円以上のものも売られていた。

　スーパー以外の販路としてコンビニに売ろうと思うと，大量の豆腐を供給する能力やブランド力も必要に思われ，その販路を得るのは相当難しかった。また，商店街には豆腐メーカー自らが出店する豆腐専門店があったが，その店舗は豆腐以外にも様々なおかず商品を品揃えしており，そのような店舗を自社で出店するには，店舗運営のノウハウも必要そうだった。また，自社製品を知ってもらうために広告を出すためにはかなりの資金が必要であった。

　さて，これから山田太郎氏は，どのようにこの豆腐メーカーを経営していけばよいのだろうか。

　量産しコストを下げ，拡大路線でいくべきなのか？　それには資金も必要であるし，それほど多く売れるようになるのだろうか。あるいは，特定のお客さんを狙って特色のある豆腐をつくるべきか？　しかし，豆腐に特色を出すことなどできるのだろうか。山田太郎氏になったつもりで，考えよ。

● 設問

どのような人に顧客となってもらうのでしょうか。その人のニーズ（必要としていること）で想定する顧客を説明してください。

どのような特徴をもった豆腐をつくりますか？

いくらで売りますか？　なぜその価格なのか説明してください。

どこで売りますか？（自社でお店を出して売りますか？　それとも，スーパーなど，他の小売業者に売ってもらいますか？）

お客さんに，自社製品を知ってもらうにはどのような方法をとりますか？

2 エアークローゼット

　若い女性向けに普段着のファッションレンタルサービスを展開する㈱エアークローゼット社は，2015年のサービス開始以来，順調に会員数を伸ばし，2018年現在，会員数は22万人に達した。過去３決算期の売上成長率も61倍を記録した。しかし，この業界では既に撤退する企業も現れ，レンタル事業の採算を取り続けるためには，会員の開拓と離脱防止が重要な課題となっていた。

　同社が提供するサービス，エアークローゼット（airCloset）は，月額制のファッションレンタルサービスであり，会員がサイト上で登録した情報を基に，スタイリストが洋服を３着選び，自宅に届ける仕組みである。着用後のクリーニングは不要で，そのまま専用の箱に入れて送り返すだけでよい。会員は，気に入った服があれば購入も可能である。

　同サービスは，月額9,800円を払えば，３着合計で実売価格３〜５万円程度の商品が何セットでも交換可能の借り放題である。月１セットのみの月額6,800円のサービスもあるが，顧客の多くは月額9,800円で月に２セット程度借りる。

　同サービスでは300ブランド以上と提携し，10万点以上の商品の中から提案することが可能である。ブランド側にとっても新たな顧客を獲得するチャネルとして期待しており，同社との提携に前向きである。スタイリストはその大半がプロで，スタイリストの教育にも積極的に取り組み，提案力の向上を図っている。通常，プロのスタイリストにコーディネートしてもらうには数万円かかることもあり，顧客にとっては，プロのスタイリストにコーディネートを提案してもらえることも同サービスの大きな魅力となっている。同社は，スタイリストが選ぶ商品の情報を集約し，スタイリストが選ばなく

なった服はリストから外すようにするなど，レンタル対象とする商品リストについても常に見直している。

　注文を受けるサイトの管理は同社が行うものの，衣料の管理は倉庫業者，クリーニングは専門業者が担い，特にクリーニングでは他人のにおいが残らない独自の洗い方を採用している。

　顧客の大半は働く女性であり，特に子供を持つ30歳前後の女性に支持されている。コーディネートする時間やクリーニングなどの手間を省きたいが，ファッションの手抜きはしたくないというニーズを持つ女性の他，自分だけでは似たような組み合わせになってしまい，ファッションの幅を広げたいが，選択肢が多すぎて選べないといった心理を持つ女性が同サービスを利用している。また，家に余分な服を溜め込みたくないと，「所有」にこだわらない消費者の意識も後押ししている。

　30代後半で小学生と保育園児の二人の子供を持つ共働きの女性は，自身の仕事着の選び方について以下のように語っている。

　　結婚前から働いていた外資系金融会社の内勤の職場では同年代の女性が多く，着ているものや身に付けているものについて，常に周りの女性から見られていた。新しい時計などを身に付けていくと，出勤するや否や，すかさずチェックが入る。そのため，着る物や身に付ける物には常に気を遣っていた。
　　結婚後も子供ができる前は，服探しに時間もお金もかけることができ，複数のファッション雑誌で流行を押さえた上で，休日にはターミナル駅近くの百貨店やブランドショップをはしごしながら，納得のいくまで服を選んでいた。しかし，平日朝の自宅での服選びは煩わしいものであり，最低限，一週間で同じ服がかぶらないように気を付けるのが精一杯関の山だった。
　　出産と同時に職場も変わったことで，朝の服選びや服探しの方法は大きく変わった。新しい仕事は小規模な会計事務所の事務であり，同年代の女性も多くないことから，前職に比べて，着ていく服を見られているという周りの目は以前のように気にならなくなった。とはいえ，通勤前の自宅での服選びは以前と変わらず煩わしいものである上，子供の世話と保育園への見送りがあるため，朝の服選びにかけられる時間は限られている。休日の服探しにかけられる時間も限られているため，出産

前とは異なり，1〜2店舗で購入の決断をせざるを得なくなった。そのため，コーディネートや着回しについて，以前にも増して店員にアドバイスを求め，実際に，店員のアドバイス通りのコーディネートで購入することが多くなった。また，インターネット通販で，実物を見ないで購入することも増えた。服選びの基準は，流行よりも着回しがしやすいかどうかを重視するようになったことで，必然的に，着回しのバリエーションが限定される派手な服よりも，着回しのしやすいベーシックな服を選ぶようになった。そのため，朝の服選びにそれほど時間をかけずに済むようになったものの，一方で，あまり服に時間もお金もかけず，毎日似たようなコーディネートで出勤する自分に対して少しの虚しさを感じている。

　現在同社は，「これまではトレンド商品だけで勝負できたが，これからは顧客の細かなニーズに応える最適な組み合わせの提案が求められている」と考え，顧客一人一人のニーズを把握することに努めている。顧客はあらかじめ自分の好みとチャレンジしてみたいスタイルをインターネットで登録することになっているが，その他に，消費者の手持ちの服に基づいて提案するサービス「My クローゼット」もある。同社の強みは，膨大な利用データを分析して得た，会員ごとに作成する「カルテ」であり，このカルテに基づき，デザインや色味，丈の長さなど好みに合った服を選ぶことができる。

　近年，衣料品のレンタルサービスの競争は激化しており，既存のアパレルメーカーやファッション通販サイトからの参入が相次いでいる。品揃えも，セレクトショップで取り扱う商品や高級ブランドに特化するなど，サービスの多様化が進んでいる。価格も6,000円程度と，エアークローゼットとサービス内容は異なるものの，顧客にとって試しやすい価格を提示する企業も増えている。

　特に脅威として位置づけられるのは，㈱ストライプインターナショナルが展開するサービス「メチャカリ」である。「メチャカリ」は2015年9月にスタートし，月額5,800円で同社の約50ブランドで扱う洋服を借りることができるサービスである。専用アプリのダウンロード数は2019年5月に100万を超え，有料会員数も7月には1万3千人を超えた。顧客は約1万点の中から選び，手元に3点まで置くことができる。レンタルした洋服を返せば，複

数回の商品取り寄せも可能である。同サービスが扱う洋服は全て新品であり，返却品を中古として販売し，商品の定価の70％を回収する。しかし，2019年8月現在，広告宣伝費など知名度向上に向けた先行投資がかさみ，営業赤字のままであるという。

業界では既に淘汰が始まっており，会員を思うように獲得できないことで採算が合わず，撤退する企業も現れている。AOKIは2018年4月にビジネスウエアの月額レンタルを開始したものの，想定顧客であった20〜30代の獲得が狙い通りに進まないばかりか，既存の主要顧客である40代の利用が中心に限られたことから，半年余りで撤退を余儀なくされた。

2019年8月現在，同社の売上は急拡大しているものの，黒字化が当面の課題である。このような状況の中で，同社は今後も会員を獲得し，そして会員の離脱を防止していくために，いかなるマーケティングを行うべきか検討を重ねていた。

エアークローゼットの専用箱

出所：㈱エアークローゼット　ホームページ
https://corp.air-closet.com/

【引用文献・記事】
『日経流通新聞』，2016年8月16日 (p. 1)，2017年9月10日 (p. 7)，2018年6月18日 (p. 3)，2019年1月14日 (p.14)，2月13日 (p. 7)。
『日経産業新聞』，2019年2月11日 (p. 7)，2019年8月5日 (p. 7)。
『日本経済新聞夕刊』，2018年2月5日 (p. 5)。

富士フイルム
「チェキ」

　2015年5月，富士フイルム㈱のイメージング事業部では，同事業部の主力商品で，撮ったその場で写真を印刷できるインスタントカメラ「チェキ（instax）」のさらなる市場開拓を図るべく議論が重ねられていた。

　インスタントカメラは，1948年にポラロイド社によって初めて発売され，1963年には同社によってカラー写真をプリント可能なものが発売された。しばらく同社による独占的ビジネスが続いたが，1976年にコダック社が同市場に参入したことによって，ポラロイド社とコダック社との間で激しい競争が繰り広げられることになった。それに伴って，欧米ではインスタント写真が急速に普及し，年間1,000万台も売れる商品となった。1980年には，その市場規模は，米国ではカメラ市場の35％，ヨーロッパでも25％を占めるまでになった。1973年からインスタントカメラの開発を進めてきた富士フイルムは，1981年に「フォトラマ」の愛称で参入を果たすことになる。同社は，フォトラマの新しい用途開発に取り組み，誕生日やパーティーなど，インスタントカメラの従来の使用方法にプラスして，結婚式場では新郎新婦を撮ったフォトラマを色紙に貼って寄せ書きを作成するなど，インスタントカメラならではの活用法を開発してその普及を目指した。その他，土木工事・建築関係での進行状況の撮影や，自動車事故の場合の破損状況の確認など，いわゆるビジネス・業務用ユースの普及も推し進めた。この頃，インスタントカメラの市場は世界的に踊り場を迎え始め，日本市場も年間50万台の線でほぼ横バイの状況が続いていたが，富士フイルムの参入により，1982年の同市場は前年より50％近く拡大し，年間60万台前後の販売台数に増加した。1984年の市場規模は全世界で約400万台と縮小し，世界最大の市場である米国ではインスタントカメラの世帯普及率が4割前後に達し，需

要は頭打ち気味になってきた。一方，日本での世帯普及率は未だ6〜7％であったため今後の需要が見込まれた。1990年に富士フイルムはコンパクトなインスタントカメラ「フォトラマ　ミスター・ハンディー」を発売，そして，1998年に「チェキ instax mini10」を発売することになる。発売時の本体の希望価格は1万円，フィルムは10枚入り1パックで700円だった。

　インスタントカメラ「チェキ」は1998年の発売時，その見た目のかわいらしさや，小型化したフィルムを1枚70〜80円で販売したことから，「1回数百円するプリクラより手軽に撮れる」と若い女性を中心にブームを巻き起こした。2002年度には100万台を販売したが，まもなくデジタルカメラやカメラ付携帯電話の普及が進み，入れ替わるように売上は2005年には10万台にまで急激に縮小した。デジタルカメラ等の普及は，インスタントカメラ市場だけでなく，フィルムカメラ市場全体に大きな打撃を与え，多くの企業がフィルムカメラやフィルムの生産から撤退を余儀なくされた。2008年には経営破たんしたポラロイド社がインスタントカメラ市場から撤退し，インスタントカメラのメーカーは世界で富士フイルムのみとなった。
　同事業部でも生産の縮小は必至ではあったが，秋葉原のメイド喫茶などの一部の用途での強い引きもあり，チェキの生産と販売は細々と続けられた。潮目が変わったのが2007年のことである。韓国の恋愛ドラマのワンシーンで使われ，現地の販売会社にチェキの問い合わせが殺到したのである。これをチャンスと見た同社は戦略的に韓国ドラマで使ってもらうよう働きかけた。その結果，アジアでの人気に火が付くこととなり，売り上げは2011年に再び100万台に達することとなった。

　デジタルカメラ全盛の時代になぜフィルムカメラの一種であるチェキが消費者の支持を集めるようになったのか。かつてはデジタルカメラに代替される形で市場が縮小したインスタントカメラであったが，逆に若い世代にとっては，デジタル全盛だからこそ，「世界で一枚しかない写真」や，デジタルカメラの写真とは異なる風合いが新鮮に感じられた。また，余白にメッセー

ジを書き込んだり，「フォトインフォト」と呼ばれるチェキで印刷された写真をスマートフォンのカメラで撮影し，その画像を画像投稿サイトのSNSに投稿したりするなどの用途も広がった。

　日本での最初のブーム時は家電量販店が主販路であったが，現在は用途の多様化に合わせて販路も多様化した。例えば，韓国では有名書店に置いたところ，チェキに洗練されたイメージが付加され，売上が急激に伸びたという。中国では化粧品店で，インドネシアでは現地のセブン‐イレブンのレジ脇で，日本では女性が良く訪れる雑貨店や文具店で，アメリカでは大手スーパーや人気セレクトショップで，また，フランスでは百貨店でも販売された。

　この間，チェキの売上増にともない同事業の収益も急激に拡大することになる。2008年にポラロイド社が撤退したことにより，富士フイルムは世界で唯一のインスタントカメラ・メーカーになった上，インスタントカメラ市場への他社の参入は容易ではなく，独占的にビジネスを展開できた。インスタントカメラは構造上，シャッターを押した後，本体内部のローラーで現像液入りのフィルムを圧迫し，フィルム表面に現像液を均一に塗布して画像を形成するため，カメラ本体とフィルムを一緒に開発しなければならず，極めて模倣が困難であった。特にフィルムそのものが写真となるため，プリント材，現像液，発色させるための機能を一体化する独自のノウハウがあるという。

　また，9,000円〜3万円程度の本体を購入した顧客からは，10枚入りで1,000円前後のフィルムの継続的な購入も期待でき，安定的な収益を確保することができた。

　2015年の販売台数は500万台をうかがうまで伸び，さらなる拡販が期待できることから，同社では新たな機能を付与した新商品の投入が検討されていた。特に議論が分かれたのが，チェキにデジタル保存機能を付与するかどうかであった。チェキで撮影した写真をデジタルで保存ができれば，加工やSNSへの投稿がしやすくなり，より一層，若い世代からの支持を集めることができると期待された。一方で，「世界に一枚しかない写真」というチェ

キ本来の価値を損なうことにもつながるため，新商品の投入には慎重な判断が求められていた。

チェキの本体と別売りのフィルム

出所：インスタックス　ホームページ
https://instax.jp/

【引用文献・記事】
鈴木八郎『発明の歴史カメラ』発明協会，1980年。
富士フイルム　ホームページ「富士フイルムのあゆみ」
　https://www.fujifilm.co.jp/corporate/aboutus/history/ayumi/index.html
『日経ビジネスアソシエ』日経BP，2013年10月，pp.22-23。
『日経産業新聞』，2017年5月18日（p.15），6月19日（p.19），12月13日（p.19），
　2018年5月30日（p.4）。
『日経デザイン』日経BP，2016年7月，pp.80-81。
『日経Trendy』日経BP，2013年11月，pp.66-67。
『日経ビジネス』日経BP，1999年6月21日（pp.27-29），2014年11月17日（p.18），
　2016年2月22日（p.102）。
『日経ビジネスアソシエ』日経BP，2013年10月，pp.22-23。
『日経ものづくり』日経BP，2005年2月，pp.114-117。
『日経流通新聞』，2013年12月20日（p.1），2015年6月12日（p.5），
　2019年2月20日（p.1）。
『日本経済新聞朝刊』，2013年9月24日（p.15），2016年9月21日（p.15），
　2018年8月9日（p.13）。

4 カーブス

　女性専用のフィットネスクラブのカーブスは，サーキットトレーニングジムと呼ばれる形態で2018年8月現在，日本国内に約1,900店を展開し，その会員数は82万人に上る。フィットネスクラブの市場規模が2006年度の4,270億円をピークに頭打ちとなり市場縮小傾向にあるのとは対照的に，カーブスの業績は，2011年8月期に33億円だった売上が，2018年8月期には前年比18％増の276億円と好調である。しかし，近年は同様の形態を採用する競合店が増えてきたこともあり，現在，新たな市場展開の方向性として，男性専用店展開の可能性について議論が重ねられている。

　1992年にアメリカ・テキサス州で誕生したカーブスは，95年からフランチャイズ展開され，2005年にベンチャーリンクインターナショナルが日本に誘致した。2008年からは㈱コシダカホールディングスによって買収され，現在は子会社の㈱カーブスジャパンが運営に携わっている。2005年に日本に出店してから6年で1,000店に達し，2016年6月時点で，47都道府県に直営54店，フランチャイズ店1,637店（加盟社数420社）に達し，2018年8月現在，1,900店を超えた。会員数は82万人に上り，新規会員の多くはフィットネスクラブの経験はないという。そして，2018年3月には，コシダカホールディングスは，アメリカ本部である Curves International Holdings, Inc. など2社を買収し，全世界のカーブス店舗を自社で運営可能となった。

　女性専用のフィットネスクラブとしてのカーブスは，40坪程度の小規模なスペースで，2〜3人のコーチと呼ばれるトレーナーの指示に従い，会員が，サーキット状に並んだ12種類の簡易なマシーンを順々にローテーションして使用するという形態をとっている。トレーニングは，筋力トレーニン

グ，有酸素運動，ストレッチで構成され，準備体操を含めて30分程度で終わる。従来の300㎡程度を要する大規模なフィットネスクラブとの大きな違いは，大部屋一室のみで，プールやシャワーなどの水回りの設備や更衣室やロッカー室がないこと，大掛かりなマシンやマシンの入れ替えがないことなどである。ロッカーはむき出しで，着替える場所はカーテンで間仕切りする程度である。設備も簡素であるため，初期投資は総合フィットネスジムの10分の1から20分の1程度に抑えられる。

カーブスの中心顧客である，50－60代の主婦は，化粧せずにトレーニグウエアのまま，平日の買い物や用事を済ませたついでに，住宅街やショッピングセンターに併設されたカーブスに立ち寄り，運動が終わったらそのまま帰る。

予約は不要で，空いているマシーンから始めることができる。

その手軽さから週2〜3回程度通うことも苦ではなく，1ヵ月継続できれば効果が実感できるという。月会費は7,370円（税込）で利用回数に制限はない。

それゆえ，カーブスにとっての一等地は「主婦がたくさん集まって家賃が安い場所」である。40坪程度の大部屋一室があればよく，また，主婦にとっては普段着，ノーメイクで人目を気にせず歩いて行ける場所が好都合であるため，商店街，市街地の雑居ビルの2階以上，郊外の複合商業施設でテナントが撤退した「歯抜け」が狙い目である。食品スーパーやボウリング場の「一角」，デッドスペース，住宅地なら駅前ではなく商店街の外れ，郊外なら大型ショッピングセンターではなく，小規模なスーパーマーケットの2階も好立地である。特に商店街の空き店舗やスーパーの不採算売り場への出店は，そこに通い慣れた主婦が入会しやすいという効果がある。売り場に壁をつくれば簡単に設営することが可能であることから，最近は，食品スーパーやドラッグストアの不採算売り場に入るケースがよくある。

総合フィットネスジムの商圏が3〜5㎞であるのに対して，カーブスの商圏は，会員が歩いて来店できる1㎞程度で，人口4万人（中高年女性10,000人）以上が目安である。1店舗に500人の会員が理想で，損益分岐点

は都心部だと会員数が300人である。

　カーブスが多くの会員に支持される証拠の一つが，退会率の低さである。2012年3月の退会率は，平均5〜6％とされるフィットネスクラブ業界の平均を大きく下回る。退会を防止する要因となっているのが，コーチと会員，会員同士のコミュニケーションである。一度にトレーニングする人数は最高でも20人程度と少人数であるため，2〜3人のコーチでも，常に会員のそばにいてトレーニング方法を指示したり，悩み相談に応じたりすることが可能である。トレーナーは約500人の顔と名前を把握し，健康状態や家族構成も頭に入れて接している。コーチは原則として会員を苗字ではなく名前で呼び，親密な関係づくりに努めている。入会時の目標設定では，「体重を落としたい」「元気に歩きたい」といった通り一遍の目標ではなく，「同窓会で恥ずかしくないようにしたい」「友人との旅行で足手まといになりたくない」といった具体性を持たせるようにしている。会員同士は長く通えば顔見知りになり，「あそこへ行けば誰かがいる」との楽しみが継続のさらなる動機となっている。さらに，紹介で入会する会員も増え，紹介で入会した会員ほど退会率は低いという。

　近年，サーキットトレーニング形式のジムは，他社からの参入が相次ぎ，競争が激化している。カーブスジャパンとしては，設備だけを見れば模倣が容易なサーキットトレーニング形式のジムにおいて競争優位をいかに確保し，そして，いかに市場を開拓していくかについて検討しなければならなかった。新たな市場展開の方向性として提案されたのは，男性専用店の開発である。

サーキットトレーニングの様子

出所：カーブス　ホームページ
http://www.curves.co.jp/

従来，女性専用店を展開してきた同社が，男性専用店においても同様のビジネスを展開できるのかどうか判断しなければならなかった。

[謝辞]　本ケースの作成・掲載にあたり，株式会社カーブスジャパン，常務執行役員・齋藤光氏，同・村上正典氏，営業推進部部長・和久隆仁氏に協力をいただいた。ここに感謝を申し上げたい。

【引用文献・記事】
カーブス　ホームページ　http://www.curves.co.jp/
『日経 Trendy』日経 BP，2014年6月，pp.134–136。
『日経ビジネス』日経 BP，2007年9月3日（pp.128–130），2009年2月9日（pp.22–23），2010年7月26日（pp.8–9），2016年2月8日（pp.58–62）。
『日経ベンチャー』日経 BP，2006年9月，pp.80–83。
『日経流通新聞』，2010年8月2日（p.3），2011年1月1日（p.1），7月5日（p.13），2012年4月23日（p.9），5月18日（p.14），6月29日（p.6），2015年3月20日（p.9），2017年11月8日（p.6）。
『日本経済新聞朝刊』，2013年8月9日，p.12。

5 宗次ホール

<ruby>宗次<rt>むねつぐ</rt></ruby>ホール

宗次ホールは，名古屋市の中心部，栄にあるクラシック音楽の室内楽専用のホールである。観客席が310席という小さなホールながら，主催公演だけで年間400回以上のコンサートを行っている。クラシックの公演を収益事業にすることは難しい環境下で，現在では自主企画の公演だけに絞り，開業以来入場者数を伸ばし続け，主催公演数401回，年間入場者数73,013人（2018年）を誇っている（図表5 - 1参照）。

2007年，カレーハウスCoCo壱番屋の創業者である宗次德二氏が，引退後に私財を投じてクラシック専用の宗次ホールをオープンさせた。その目的は，多くの音楽家に出演の舞台を用意すること，そして一人でも多くのクラシックファンを増やすことであった。

オープン時，宗次氏は，年間少なくとも400回は公演できると発言したものの，音楽関係者からは「そんなに回数出来るわけはない」，「どうやってやるんだ」，「素人的発想」，「いつまで続くのか」などの意見をもらったという。既存の音楽ホールは，主催公演が月に2〜3公演であることを考えると当然の反応であったと言えるだろう。

一般的に，公共のホールは公的資金により運営されており，公演だけで事業が成り立つことを目的としていない。一方，企業所有のホールは社会貢献事業として運営されており，近年の経営環境悪化のあおりをうけ，主催公演を減らし貸しホールとしての機能に特化していくものも少なくない。このような環境下で，民営でありながら，これほどまでに多くの自主企画を成立させ入場者数を伸ばし続けていることは，桁違いの実績と言っても良いだろう。宗次ホールのDM発送登録者は約4,000名，LINEの友だち約2,000名と多く登録者がいる。オープンの1年後に就任した野間晴久支配人は，クラシック業界とは縁のない経歴であったためか，固定概念に縛られない新たな策を

図表 5-1 ● 宗次ホールの公演数，入場者数

年度	2009	2010	2011	2012	2013	2014	2015	2016	2017	2018
稼働率	66%	73%	78%	85%	89%	89%	89%	91%	85%	93%
公演数（主催）	202	259	306	339	376	396	403	400	381	401
公演数（貸しホール）	47	58	45	34	29	0	0	0	0	0
総公演数	249	317	351	373	405	396	403	400	381	401
総入場者数（主催公演）	33,078	44,335	47,894	52,648	61,733	75,033	78,694	80,601	73,625	73,013
主催公演数と入場者 内訳（上段は公演数，下段は入場者数）										
リサイタル	93 13,451	81 14,672	89 14,054	101 16,135	110 17,876	94 16,503	93 16,524	94 17,217	123 22,155	118 20,054
ランチタイムコンサート	109 19,627	121 20,577	142 23,134	178 27,951	205 33,599	213 40,509	204 40,433	203 42,183	155 31,972	165 31,321
スイーツタイムコンサート		39 6,750	66 8,783	49 7,125	52 8,994	82 16,920	96 19,968	101 20,739	102 19,276	102 18,495
ディナータイムコンサート		18 2,336	15 1,923	10 1,437	9 1,264	7 1,101	10 1,769	2 462	1 222	

注：稼働率は稼働日365日として計算。2017年は改装工事のため稼働日が少ない。
出所：宗次ホール社内資料より

宗次ホール

出所：宗次ホール　ホームページより

次々と打ち出していた。

　宗次ホールは，コンサートを大きく３つのラインに分け提供している。１つ目は，クラシックファンを対象とした本格的なコンサートである（図表5-1では，リサイタルと表記）。3,000～5,000円の価格帯で，平日夜や土日

に開催している。

2つ目は，ランチタイムコンサートである。昼に1時間の短いコンサートを1,000円という低価格で提供している。初心者向けの短い小品，おはなしつき，1曲あたり10分程度までで単一楽章にとどめる，そしてチケット販売は出演者が中心となって行うというカジュアルなものである。

3つ目が1時間半で2,000円という価格設定のスイーツタイムコンサートである。これには2つのタイプがあり，ひとつは本格的な演奏をより手軽に楽しむタイプのコンサート，そしてもうひとつが文化的要素を取り入れたカルチャー番組タイプのものである。カルチャーを取り入れたプログラムでは，多様な素材を取り入れている。たとえば，ヤマザキマザック美術館との共同企画「パリを彩った麗しき名曲たち」，JR名古屋高島屋との共同企画である「浴衣で楽しむヴァイオリンコンサート」，解説つきの「大人の音楽学校：青年モーツァルト　愛と絶望の日々」，画像を投影しながら行う「写真 de クラシック」などである。

コンサート以外の財を組み合わせたものが，「食事付きセットプラン」である。このプランは，近隣のホテルやレストラン8施設と提携し，和洋中のランチをセットにしてお得感を出したものである。コンサートとランチで2,100円〜3,700円の価格であり，このプランの導入によりランチタイムコンサートの入場者数は劇的に伸びたという。このセットプランは他にも，ランチ＋スイーツタイムコンサートやスイーツタイムコンサート＋ケーキセット，というプランも開発されていった。

他にも，2011年に始めたパッケージが，団体向けのグループプランである。団体向けの旅行プランのように，コンサート，コンサート時の席の確保，ステージでの写真撮影，バックヤードツアー，食事，をパッケージ化したプランである。バンドリングすることにより，みんなでワイワイ楽しむことへの需要を掘り起こしている。実際に，PTA役員会，企業研修などさまざまなグループが参加しており，年々参加者は増加し，現在では年間約5,000人（2018年）の顧客を生み出している。

さらに，企業向けのアウトリーチプログラム「オフィス de クラシック」

や，様々な施設に行って演奏する「クラシック音楽届け隊」プロジェクト，地元の芸術大学の学生を育てるプログラムとそのお披露目の場である「エマージングコンサート」なども実施している。

　宗次ホールは，様々な参加性の高い仕掛けを行っている。ホールから一方的に提供されるサービスだけでなく，聴衆からのコミュニケーションが機能するプログラムのことである。それらを，「応募型」と「応援型」の2つに分けて，整理してみよう。

　1つ目の「応募型」は，エッセイ，俳句，写真などを公募する企画である。2つ目の「応援型」の代表は，ボランティアスタッフによる「クラシック音楽広め隊」であるが，これについては後述する。また，宗次ホールが主催している3つのコンクールでは「聴衆賞」が設定されており，会場からの投票によって受賞者が決まる。受賞者は，名誉とともに，5万円の賞金を獲得し，一方，「聴衆」は，このホールから巣立っていく若手演奏家たちを，観客自らが応援しているのだという気持ちになることができる。

　また，初心者をクラシックファンに育てるための，鑑賞サポートプログラムも充実している。無料の音楽講座では，副支配人の西野裕之氏が音楽の歴史を語りながら魅力を伝えるものや，これからのコンサートプログラムの紹介を番組宣伝のように伝えるものまで，様々な試みをしている。また，クラシックの専門家が解説をしてくれる「大人の音楽学校」というコンサートは，生演奏付きのカルチャー番組の様相である。

　このホールのアンバサダープログラムが，「クラシック音楽広め隊」である。広報活動を顧客自らに担ってもらおうという企画である。参加者は6ヵ月の期間，毎月33セットのチラシや案内文を配布することで，宗次ホールの広報を担う。交流会や特典チケット（月1回）があるものの，隊員の期間を過ぎても自主的に配布しているファンも少なからずいる。

　これを始めたきっかけは，2012年のランチタイムコンサートの苦戦にある。この年，年間公演回数を前年の142回から178回へと急増させた。その

結果，8月の1回あたりの平均入場者数が前年の172人から142人へと減少し，12月には129人まで落ち込んだ。

　通常，クラシックのコンサートの告知方法は，登録している会員にDMを送付するか，他の会場のコンサートにチラシを挟み込むかのいずれかである。いずれにせよ，もともとクラシック音楽に興味のある人にしかチラシは届かない。そこで，このプログラムで，今まで宗次ホールに足を運んでいない人に対して，現在の顧客からアプローチしようとしたのである。この制度の特徴は次の通りである。

①メンバーは，毎月33セットのチラシを知り合いや友達に配る，知り合いのお店に置いてもらう，住居へのポスト投函を行う，といった行動の全部もしくは一部を実施。
②メンバー特典として毎月1回ランチタイムコンサート or スイーツタイムコンサートが無料になる。
③さらに，音楽講座，隊員交流会への参加が可能となる。
④活動期間は6ヵ月限りで更新はできない。

　2013年1月に，100名の予定で募集をしたところ約350名の応募があったため全員に参加してもらったという。参加者の平均年齢はおよそ65歳であり，ボランティアに理解があり，知的好奇心が強い人々であったため，人脈を活かして友達やサークル仲間，文化教室の仲間等多くの方を連れて一緒にホールを訪れた。つまり，ホール側の狙いである来場者増加がすぐに実現したのである。アンケートによると，メンバーたちがチラシ配布を楽しんで行ったことがわかった。これは，ホール側の想定していないことであった。さらに，隊員向けに無料の音楽講座も随時，実施してきている。

　この「クラシック音楽広め隊」が好評だったため，その後も継続しており，現在14期の隊員が活動中である。活動期間が終わった後も，引き続きチラシを配布しようというメンバーも出てきたため，毎月配布用チラシを受取り配布するサポーターとして残ってもらう制度をつくっている。第13期を終

え累計で1,800人以上のクラシック音楽広め隊経験者が存在している。

　支配人の野間氏は，今後，さらに宗次ホールを盛り上げるために，どのような策をたてようかと考えていた。若い人がなかなか来てくれないこと，310席というキャパシティに限界があること，などが現在の課題であった。

［謝辞］　本ケースの作成・掲載にあたり，宗次ホール支配人　野間晴久氏に協力をいただいた。ここに感謝を申し上げたい。

【引用文献・記事】
宗次ホール　ホームページ　https://munetsuguhall.com
川北眞紀子「クラシック音楽専門ホールにおけるボランティア制度による顧客コミットメントを活用したマーケティング PR 戦略：宗次ホールの事例研究」『広報研究』
　　第21号，日本広報学会，2017年，pp.130–147。

大和証券

　人事異動で大和証券㈱新宿エリアのエリアマーケティング担当に任命された田中良夫氏が，第一に取り組んだことは，競争が激しくなる中，既存顧客から得られる収益を最大化することであった。まず，顧客満足度を高めるための施策を考えることにした。

　そこで，田中氏は，ＣＳ推進室で行われたブランディング・アンケートという顧客の意識調査結果を取り寄せ，目を通してみた。この調査（郵送）は，同社の顧客5,000人に対する無作為抽出によって行われ，回答者は1,444人であった。満足度調査の結果は図表6-1に示すとおりであった。なお，店頭，電話，店舗に関する調査は，月に1～2回程度以上利用する顧客への調査結果となっていた。

　満足度調査の点数は，各設問に対する回答に満足度と重視度を10点満点で点数化したものである。なお，社員からみて顧客がどの程度重視していると推察されるかについて（社員に向けて）調査を行った結果を社員重視度として付記している。社員に対する調査は，営業部配属の全職員に対して，記名式，事務局宛返送にて行い，6,184のサンプルを得たものである。

　田中氏はこのデータを分析し，何らかの施策を打ちたいと思っていた。

図表 6-1 ● 顧客満足度調査の結果

店舗・電話	顧客満足度	顧客重視度	社員重視度
1　店舗 / 出迎えの挨拶	5.3	5.8	9.6
2　店舗 / 身だしなみ	8.3	6.9	9.0
3　店舗 / 行動の迅速さ	7.3	8.7	9.5
4　店舗 / 応対態度	8.2	8.7	9.7
5　店舗 / 説明のわかりやすさ	7.7	9.1	9.6
6　店舗 / 商品知識と業務知識	7.7	9.3	9.7
7　電話 / 最初に出た社員が名乗る	6.7	7.0	7.3
8　電話 / 丁寧な応対	8.2	8.0	9.6
9　電話 / 迅速な対応	7.5	8.9	9.5
10　電話 / 最後にお礼の言葉	7.5	6.7	9.1
担当者・その他社員			
11　担当者 / アドバイスの内容	6.6	8.8	9.3
12　担当者 / 説明のわかりやすさ	7.4	8.9	9.4
13　担当者 / 商品知識と業務知識	7.6	9.1	9.6
14　担当者 / 事務手続きの処理能力	8.0	9.2	9.4
15　担当者 / 要望に機敏な対応	7.7	8.9	9.4
16　担当者 / アフターケア	5.3	8.3	9.4
17　他の社員 / 担当以外の対応	7.3	7.9	9.1
18　他の社員 / 上司の対応	6.1	7.4	9.1
19　他の社員 / 適切な引き継ぎ	7.0	8.6	9.2
店舗・オンライン			
20　店舗 / 気軽に入りやすい	8.2	7.5	8.8
21　店舗 / 清潔感	8.7	7.4	9.1
22　店舗 / 備品・資料の配置	7.7	6.7	8.6
23　店舗 / 情報端末機の充実	7.1	7.8	8.8
24　店舗 / ブース・カウンターの印象	7.3	7.5	8.6
25　店舗 / ＡＴＭの使い勝手	7.3	7.4	8.7
26　オンライン / ホームページの印象	6.6	7.0	7.0
27　オンライン / トレードの使い勝手	6.2	7.4	8.4
28　オンライン / トレードの情報量	6.2	7.6	8.4
商品・サービス			
29　商品 / 品揃え	7.1	7.9	8.7
30　商品 / 他社比較	6.1	8.2	9.1
31　サービス / 全般の質	6.2	8.1	9.1
32　サービス / 他社比較	5.9	7.9	9.0
33　情報 / 全般の質	6.3	8.0	9.0
34　情報 / 他社比較	6.0	8.4	9.1

6
大和証券

［謝辞］　本ケースの作成にあたり，大和証券株式会社マーケティング戦略室嘉戸隆次長および吉田光太郎次長から貴重な情報をいただいた。ここに記して感謝の意を表したい。

7 まいあめ

　「まいあめ工房」（2019年より「まいあめ」に変更）は，伝統の組み飴の技術でオリジナルデザインの飴を製作する事業である。名古屋市西区にある菓子問屋，㈱ナカムラの2代目社長の中村貴男社長が，2007年に新規事業として立ち上げた。その販路はウェブショップのみである。組み飴とは，一般的には金太郎飴として知られているが，金太郎飴という用語は他社の登録商標であるため，ここでは使うことができない。そのため「切っても切っても同じ絵柄が出て来る"組み飴"」と説明している。技術レベルも非常に高く，かなり細かい細工も可能である。そのため，ロゴや文字などを再現し，オリジナルの販促グッズやノベルティをつくることができるという強みを持っている。有名ブランドや多くの企業から依頼を受け，オリジナル飴を制作してきている。

　2007年のスタート時からのこれまでの実績は，法人が5,570社・7,813点，学校関係が923社・1,598点，個人が170名・233点（2016年3月）である。リピート率は42％，そして，年商は1億1千万（2018年6月期）へと成長している。

組飴技術を使ったオリジナル飴

写真提供：株式会社ナカムラ

　中村貴男氏は，この事業を立ち上げる以前，少子化によるお菓子市場の縮小を懸念していた。さらに菓子の小売店舗は，コンビニやスーパーなど大規模小売業へとシフトしてきていた。小さな問屋では大手資本には勝てない状況になりつつあった。そのような中，ネット上ではオリジナルの飴のオーダーに関する用語の検索が多いことに気づいたという。「金太郎飴」で月間１万件以上の履歴があり，２次検索ワードには，「金額」「オーダー」とあった。試算すると7,000万〜１億円弱の市場が見込めた。

　大阪のおばちゃんにとって「飴をあげる」という行動は挨拶代わりであり，コミュニケーション・ツールなのだ。そう考えると，お菓子は単なる食べ物ではなくコミュニケーションのためのメディアと捉えることができる。そこで組み飴技術を使った「世界で１つだけの伝統職人による手作りオリジナルキャンディ」を製作する事業を立ち上げることにした。

　大手菓子メーカーが狙うBtoCの食品市場で戦うのではなく，企業の販促ツールという広告市場で勝負するBtoB商品であった。世界でひとつだけのオリジナル飴は，喜ばれる広告物であり，手にした瞬間から会話が生まれるトリガーである。この市場のターゲットは，企業で販促ツールを発注する担当者の女性たちである。

　価格は，最低ロット3,500個の飴を発注すると56,000円（税別・送料別）である。納期は最短で１ヵ月程度で，宅配便で直接届ける。

　販売ルートはウェブ店舗のみである。このウェブ店舗は非常にわかりやすい店舗となっていた。飴の細かいサイズ表示，ロット数ごとの価格，これまでに作った事例，デザイン画の再現性の比較画像，パッケージについての細かい説明など，担当者がつくろうと思った場合にリスクに感じる部分について，丁寧に説明していた。さらに，希望者にはサンプル提供や，電話やメールによる相談も行っていた。

　プロモーションはこのウェブ店舗のSEO（検索エンジンで上位に表示されるべく行われる最適化）とパブリシティ提供である。まず，ウェブのコンテンツを充実させた。書きたいことを書くのではなく，利用者が情報に満足

することを目指していた。たとえば，「組み飴の作り方」では，手づくりで飴ができていく様子を説明し，日本伝統の技術の素晴らしさや手づくりの価値も伝えていた。さらに，「お客様インタビュー」では，㈱ニューズピックス，㈱ゴールドウインなどへ，直接取材に行き，ユーザーがどのように活用しているかについて，読み物として提供していた。企業事例では各業種1つの製作実績を掲載するように心がけた。お客様インタビューの際には，ライターさんとともに取材に行くという。通常のウェブショップでは，直接会って話をすることもないが，まいあめの場合は取材を通じて顧客とのインタラクションが生まれていた。実際に会ってみると彼らが使っている用語や，何を重視しているのかといった顧客のニーズがわかってくる。発注担当者が必要とする情報を，彼らの言葉で提供するという試みを丁寧に行っていた。

　また，ブログの記事が非常に丁寧である。読み物としての楽しさにあふれた文体で，製作途中の様子が書かれている。そして顧客がどのように飴をコミュニケーションに使っているのかについての記事も豊富である。

　メディア・リレーションも卓越しており，広告媒体を買うことなく多くの記事や番組への露出を成功させている。YouTube の「まいあめチャンネル」には，自分たちで撮影した動画を投稿している。自分たちで撮影することで，飴を制作する工程のどこが絵になるかなど，いろいろな発見があった。この動画の掲載は，様々な効用があるという。動画を見たテレビクルーが「この絵を撮りたい」というイメージをもってやってくるという。

　オリジナル商品とは別に「合格飴」，「ありがとう飴」などを既製品として用意していた。受験シーズンの到来になると，この合格飴がテレビで取り上げられるのである。テレビ局がいつアクセスしてくるのかをアクセスログを観察するとわかるという。そこで，そのタイミングに合わせて情報をアップするのだ。また，猛暑の時期には，『熱中症対策飴』として「水分とって」というメッセージ入りの飴を発売開始し，これもメディアに取り上げられることになる。改元のときには「令和飴」も発売した。このように季節の風物詩や時事ネタなど，メディアがニュース素材を必要とする面に，ニュースを提供していく作戦である。

他にも，飴を使ってニュースを作り出し様々な露出機会を獲得している。貴男氏が夢中になっていた Ingress のロゴを飴にして無料で配布していたらロイヤリティフリーで販売を認めてもらえ，イベントにも呼んでもらえた。イベントでは無料で飴を配布し，ナイアンティック社 CEO と記念撮影している。そして，「ポケモン GO 飴」「フェイスブック飴」「インスタグラム飴」など，話題になるものの飴を次々とつくり，本人たちに届けていく。話題になるものへの感度が高く，そこに対してラブレター代わりに飴をつくって発信すると，何かが起こるというわけである。2015年頃には社長の息子である中村慎吾氏と，その妻である広報担当の藤井佐枝子が加わった。彼らの新たな感性で，様々なところに繋がりに行く企画を次々に打ち出していた。

SNS 発信についても，様々な試行錯誤をしている。広報の藤井氏が気づいたのは，飴を製作する工程を動画で発信したインスタグラムの投稿が，急速にアクセスを稼いでいることであった。30分で3,000回の再生がなされ，さらに1万回，5万回と再生数が伸びていき250万回の再生までいってしまった。なぜだろうかと考えていたら，「まじかよ，俺これスライムだと思ってたわ」というコメントがついたため，検索してみたところ「海外で人気のスライマーたち」という記事を見つけた。そこで言及されていたのは，ASMR（Autonomous Sensory Meridian Response）という言葉であった。視覚や聴覚に訴えるもので見ていると気持ちが良くなるもののことだそうで，スライムを押す動画や焚き火，ピコ太郎の動画もそれにあたるという。そこで，今度は同じような動画を長く撮影し，ハッシュタグに #slime #slimevideo #ASMR など関連するものをつけて2週間後に投稿したところ，いいね！の数が1.5万になったという。

この動画をきっかけに，次の事件がおこる。ある日インスタグラムに「キャンディを個人向けにつくったりするのか？」という一言だけのメッセージが入った。フォロワーが900万人もいる人からのメッセージだったが「最小ロットは3,500個からです」と返事をすると「え！多い！僕のために少量でつくってほしいんだけど。中には BB って入れて欲しい。うんたらか

んたら」と次々に要望が送られてきて何度もやりとりをした。調べてみると，ベッカムの息子でモデル兼カメラマンだということが判明した。向こうが興味を持ってくれているならばと，BB キャンディの製作が決定した。その旨を伝えると「OK, awesome」と返事があった。さらに「届いたら写真とともにインスタに"cheers（ありがとう）"って載せるね」とも言ってもらえた。デザインも OK をもらい，プレゼントしようとつくり500個を送った。しかし，その後，紹介もされないまま音信不通になってしまったという。残りの3,000個をどうすればよいかわからなくなってしまった。それを，ネタにして発信していたら，ロケットニュースに取り上げられる。そこの反響も大きかったが，それをきっかけにテレビ局からの取材が相次ぐことになる。

　　2017.4.25：フジテレビ「みんなのニュース」
　　2017.4.26：フジテレビ「ホウドウキョク」
　　2017.4.27：TBS「Ｎスタ」
　　2017.5.6 ：TBS「新・情報7days ニュースキャスター」
　　2017.5.12：メ〜テレ「ドデスカ！」
　　2017.5.22：フジテレビ「ノンストップ！」
　さらに，2018年1月には，「激レアさんを連れてきた。」（テレビ朝日）にも登場することになった。

　まず，SNS で起こった出来事をもとに，ストーリー化しブログに投稿している。その拡散がうまくいった場合には，ネット記事で取り上げられ話題になり，さらに SNS のエンゲージメントやブログへのアクセスが増える。さらに「ネットで話題の」という切り口でテレビ報道へつながる。このような流れをたどった。
　ブログでは，様々なコンテンツを開示している。たとえば，季節ネタ，あるいは保存がきくニュース，裏話，製作プロセスの美しさ，ASMR などである。その際，どのようなものが話題になるのかについて，仮説をたて検証するということを，熱心に行っていた。

2019年には，サービス名を「まいあめ」と変え現在では，中村慎吾氏と藤井佐枝子氏がその経営を担っている。

［謝辞］　本ケースの作成・掲載にあたり，株式会社ナカムラ 代表取締役社長 中村貴男氏，専務取締役 中村慎吾氏，広報 藤井佐枝子氏に協力をいただいた。ここに感謝を申し上げたい。

【引用文献・記事】
まいあめ　ホームページ　http://myame.jp/
原尻淳一　『ビジュアル マーケティング・フレームワーク』日本経済新聞出版社，
　　2016年。
竹内謙礼　「飴にも"コト消費"の視点」『日経 MJ』，日本経済新聞社，2018.2.12。

海水浴場に
海の家を出店する（A）

　湘南のとある海岸は，ハーフマイル（約0.8km）をコンセプトとする海水浴場である。海岸線を走る国道134号線沿いに海水浴場が広がっている。毎年，夏になると多くの海水浴客で賑わっている。鈴木氏はこの海水浴場に海の家を出店することにした。この海水浴場には，従来から鈴木氏の他にもう一店の海の家があり，そこに鈴木氏が出店することにしたのである。

逗子海岸
出所：逗子市　ホームページ

　ここでは，海水浴場を管轄する組合の協定により，サービスできるメニューがかき氷ややきそば，アルコール類など決められており，また，それぞれの価格も決められていた。たとえば，かき氷は200円となっていた。一方，組合では過剰な販売促進活動を禁じており，過去に，逗子駅で50円の割引券を配った海の家があり，組合の規約に反していたことから，組合長から強く叱責されたと聞いていた。このような制約があったが，立地については届け出によって自由に決めることができた。

　鈴木氏は出店場所を検討するために，周囲の駐車場を調べてみたが，大規模な駐車場は見当たらず，立地上特に有利な場所はないようだった。昨年の

海水浴場の状況について思い返してみたが，海水浴客は特にどの場所に集中することもなかったように記憶していた。

　また，多くの海水浴客は電車で来ているようだったが，JR や私鉄の駅も少々離れた場所に位置していることから，その点でも特段有利な場所はないように思われた。なお，出店場所によって出店にかかる費用には差が無かった。

　鈴木氏は，どの場所に出店するか決めて，組合に申告しなければならなかった。

● 設問

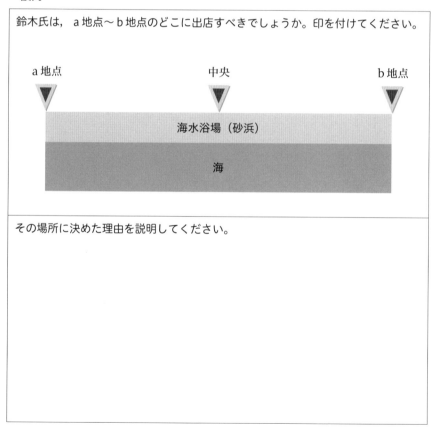

鈴木氏は，a地点〜b地点のどこに出店すべきでしょうか。印を付けてください。

a 地点　　　　　　　　　中央　　　　　　　　　b 地点

海水浴場（砂浜）

海

その場所に決めた理由を説明してください。

8-② 海水浴場に
海の家を出店する（B）

　出店1年目，鈴木氏はこの海水浴場に海の家を出店し，競合店との競争の中で何とか1シーズンを乗り切ることができた。

　2年目に状況が変化した。組合の方針がかわり，いくつかの規制が緩和されることになったのである。その最大のものが価格を自由に決めてよいことになった点であった。つまり，かき氷や焼きそば，ビールやソフトドリンクなどの価格を経営者の判断で決めることができるようになったのである。

　鈴木氏は，2年目を迎えるにあたって，出店の場所とともに，メニューで提示する価格を決める必要があった。もちろん，立地についてはシーズン途中で変更ができないが，価格については競合店の価格や天候，客数をみながらシーズン中であっても変更することが可能だった。
　鈴木氏は組合での会合などで，競合店が海水浴場の中心あたりに出店し，前年度と同じ価格（たとえば，かき氷が200円）で初日をスタートする方針だという噂を耳にしていた。

　鈴木氏は，立地を決めて組合に申告するとともに，さしあたっての商品価格を決めなければならなかった。

● 設問

鈴木氏は、a地点〜b地点のどこに立地すべきでしょうか。印を付けてください。

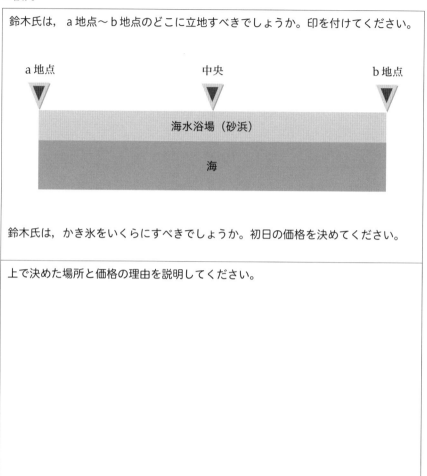

a 地点　　　　　　　　　　中央　　　　　　　　　　b 地点

海水浴場（砂浜）

海

鈴木氏は、かき氷をいくらにすべきでしょうか。初日の価格を決めてください。

上で決めた場所と価格の理由を説明してください。

9 相模屋食料

社長の鳥越淳司氏が相模屋食料㈱に入社したのは2002年であった。当時は，相模屋食料は30億円規模の中堅の豆腐屋であったが，そこから次々と改革を進め2009年には業界トップとなり，現在では290億円（2019年）にまで成長している。

　豆腐市場の市場規模は６千億円であり横ばいであった。事業所数は戦後のピーク時には５万を超えていたが現在では6,500にまで減少しており，長年倒産・廃業が多く出ている業界であった。原料の大豆は高騰しつづけているにもかかわらず，スーパーなどの小売店からは値下げの要請がきており，構造的に利益の出ない状況にあった。手づくりの小さな事業所も体力的に厳しかったが，機械を導入した中堅メーカーはさらに厳しい状況にあった。メーカーによって商品に大きな違いを出すことができず，無理な安売り競争を繰り広げて疲弊しており，通常100円ほどの豆腐が１丁50円を切ることもあった。

　「日配品」と呼ばれる豆腐は，消費期限が短く在庫が持てない。そのためスーパーは商品を返品することはできず，売れ残ったら割引して売りさばくしかない。だからといって仕入れを少なくするわけにもいかない。豆腐が品切れしているなどということは，小売店にとってあってはならないからである。そのため，メーカーに短いリードタイムでの即応が求められるのである。それに加え毎日の発注量に大きな差がある。天候や特売により売れ行きには10倍以上の差が出るのだ。

　このような市場において，相模屋食料は日本一を目指した。そのために，「おいしいおとうふを安定的に生産・供給できるメーカー」として取引先に認識してもらおうとしたのである。

最初に取り組んだのは，SKU（ストック・キーピング・ユニット）の削減であった。同じ豆腐であっても，バラ売り，三個パック，ダンボール1箱，という3種類の売り方をしていると，SKUは3となる。SKUが増えれば増えるほど，在庫管理や発注処理などが煩雑になり手間がかかる。つまりコストが増えていく。SKUは少ないほうが効率的といえる。当時，売上高28億円で372 SKUであった。顧客のニーズを満たそうといろいろ試しているうちに，多種多様なものが増えてしまう。そこで，基本の絹と木綿に注力することにしたのである。王道の製品づくりを徹底したのだ。さらに，食品衛生を目に見える形にするためにISO 9001認証の取得をした。

　この王道のとうふの店頭価格は，日々により変動はあるものの平均的な価格であった。たとえば，ある日のAスーパーの店頭では，350gの1つパックが98円，200g×2パックが128円であった。150gの3個パックは目玉商品となっており98円で売られていた。

　2005年7月には，全工程を自動化した世界最大の豆腐工場を稼働させた。やわらかい豆腐のパック詰めまでを自動化することで，人の手を介さない衛生的な工程を実現できた。雑菌の繁殖しやすい温度帯を通る時間も短くなり賞味期限は3倍の15日間に伸ばすこともできた。この道程は厳しく，工場稼働開始前後の20日間は壮絶な時間であった。生協の協力を得て1,000以上の改善要求にも応えたのである。そのため，世界で唯一の工場となりそれは参入障壁となっていた。

　売上も増え，多くの大豆を購入するようになってきたため，商社の子会社からの直接仕入れを実現した。サイロをつくるなどの投資が必要であったが，コスト削減と同時に大豆に関する要望を伝えるといったことも可能となっていた。

　その後は工場の仕様をフォーマット化することで，他の工場への展開も可能としていった。行き詰まった工場を買収する機会もあり，新工場のフォーマット化は役に立っていた。

　業界1位の企業として，市場のパイを広げることが責務だと考えた鳥越氏

は，次々と新たな商品を開発していく。王道の逆を行く個性的な豆腐づくりで，新たなセグメントに向けた商品を開発していった。そのひとつが，2012年に売り出した「ザクとうふ」である。ガンダムファンであった鳥越氏がどうしてもつくりたかったものである。ガンダムへの熱い想いをことあるごとに話しつづけ，実現にこぎつけた。30〜40代のガンダムファンの男性向けに，ビールのおつまみになる枝豆風味の豆腐をつくったのである。このザクというキャラクターはガンダムの敵の量産型ロボットであり，そのヘッドの部分をパッケージにした。「ザクが好きだ」という想いから，こだわり抜きパッケージ制作にも苦労を重ね，製品化した。商品発表会となる記者会見では「機動戦士ガンダム」の声優を招いて，遊びの要素を加えて楽しんでいた。翌日には新聞でとりあげられ，ツイッターで話題となっていた。

　この製品を扱ってくれる小売店の協力もあり，「ザクとうふ」はヒットした。それまで，スーパーに足を運ばなかった男性がまとめ買いをしていく姿が見られたという。このヒットは，多くのマスコミの取材を呼びこみ，商品や会社を取り上げてくれた。有名になると社員が喜んでくれ誇りに感じてくれるようになっていった。ザクとうふの店頭での実勢価格は200円前後であった。

　次に狙ったセグメントがＦ１層（20〜34歳の女性）である。ファッションや流行に関心の高い女性に向けた豆腐ができないかと考えた。豆腐は栄養

ザクとうふ　©創通・サンライズ

マスカルポーネのようなナチュラルとうふ

出所：相模屋食料より写真提供

価が高くカロリーが低いため，ダイエットに最適である。

　そこで，不二製油が開発した大豆のクリームを使用してつくったのが，2014年に発売した「マスカルポーネのようなナチュラルとうふ」である。この商品の実勢価格は100ｇのものが200円前後である。パッケージは白を貴重にしており，食感としてはクリームチーズに近い。オリーブオイルをかけて食べてもらうことがポイントである。また，カップスタイルにしてはちみつをかけて食べるタイプも発売した。そのプロモーションは東京ガールズコレクションで行い有名モデルが商品を持ってランウェイを歩き SNS でも話題となった。その後，「のむとうふ」や抹茶フレーバーのものなど毎年新たな商品を展開している。さらに，2018年には発酵の技術を用いてつくったチーズ感覚の豆腐「BEYOND TOFU」，そして油揚げの技術をベースにつくったピザ生地とともに商品化した植物性100％の低糖質ピザ「BEYOND PIZZA」を開発し，これも東京ガールズコレクションでプロモーションを行っている。このピザはグルテンフリーで牛乳不使用であるため，ビーガンやアレルギーのある人にとってもありがたい商品であった。

［謝辞］　本ケースの作成・掲載にあたり，相模屋食料株式会社 代表取締役 鳥越淳司氏，広報部 片岡玲子氏に協力をいただいた。ここに感謝を申し上げたい。

【引用文献・記事】
厚生労働省　衛生行政報告例
相模屋食料㈱　ホームページ　https://sagamiya-kk.co.jp/
田中洋　「相模屋食料株式会社―伝統的食品の革新」『ブランド戦略論』有斐閣，2017年，pp.363–367。
鳥越淳司　『「ザクとうふ」の哲学―相模屋食料はいかにして業界 No. 1 となったか』PHP 研究所，2014年。

10 ミツカン

　ミツカンは，食酢を中心とした調味料や加工食品を製造するメーカーである。愛知県の半田市に本社があり，創業は1804年という長い歴史を持つ。従業員数はグループで約3,800名，売上は2,446億円，経常利益約130億円（2019年2月期）のグローバル企業である。

　食酢市場は約400億円であり，ミツカンのシェアは55.6%である。2位のキューピー醸造はシェア8.7%，3位のタマノイ酢と内堀醸造はともにシェア6.6%，5位のマルカン酢はシェア5.4%であり，これらを大きく引き離している（2016年）。

　食酢市場において，ミツカンはこれまで様々な需要拡大策をはかってきた。古くは「土曜日は手巻きの日」というキャンペーンを行い，家庭で手巻き寿司をするという習慣を後押ししたこともあった。また，ベストセラーであるぽん酢の使用量増大のために，テレビ広告では，様々な使用シーンを提案してきている。たとえば，焼き魚にしょうゆ代わりにぽん酢をかけること，炒め物にぽん酢を調味料として使う「ぽん炒め」，など使用シーンを具体的にイメージさせる広告を出稿している。また，機能性訴求による需要拡大策をはかっている。お酢には血圧低下，内臓脂肪の低下，という機能があるという点だけを訴求し，一切商品名を表に出さない広告を出すといったことも行っているのである。

　さらに需要を拡大しようとすると「お酢が苦手」という人へのアプローチも必要となってくる。そこで，ターゲットを「週に1回程度しか酢を使わない人」に設定した。料理の幅は広がるし，健康にもいいからお酢を使いたいと思っているけれど，ツンとしているから使いにくいという層である。彼らが苦手とする「ツンとする」点を軽減させることを目指し，マイルドなお酢

「やさしいお酢」を2009年に発売した。発売してみると，まさに想定した消費者に使ってもらうことができ，ヒット商品となった。

　一方，納豆市場は，約1,216億円（2016年）と見られている。トップ企業はシェアが35.4％のタカノフーズ，続いてシェア18.6％のミツカンであり，3位はあづま食品でシェア12.7％，以下はシェアが1桁の小規模なメーカーが多く存在している。

　ミツカンは，1997年に朝日食品を買収して納豆事業に乗り出し，「金のつぶ」ブランドを掲げ，朝日フレシアという子会社としてスタートさせた。2002年にはこの会社を吸収合併し，ミツカンという社名で納豆の販売を始めた。2009年に「くめ納豆」ブランド，2011年に「なっとういち」ブランドを継承し，現在ではシェアが2位となっている。ミツカンは，発酵技術の強みを活かし，「におわなっとう」や「ほね元気」といった機能性を訴求した商品開発すると同時に，「パキッ！とたれ」などパッケージ改良を強みとして商品開発をしてきている。

【引用文献・記事】
富士経済（編）『食品マーケティング便覧』富士経済，2017年。
「2009年 ヒット商品の仕掛け人に聞く　酢が苦手な人にも受けた“ツンとこない”次世代型の酢，ミツカン“やさしいお酢”」広告朝日，2009.12.24。

11

アスクル

　プラス㈱は，1948年に文具卸の千代田文具㈱として設立された。千代田
文具は設立当初，主として他メーカーのブランド品を卸売りしていたが，一
部他メーカーの製品にプラスブランドをつけて販売するなど，自社ブランド
志向の強い会社であった。千代田文具は，徐々に自社ブランド品の品揃えを
増やしていくとともに，製品企画や，生産にも着手し，1980年代半ばには
製造子会社で本格的な文具製造に乗り出した。

　一方，1990年代にはいると，新規チャネルの模索を始めた。当時，総合
量販店（GMS）やホームセンターの台頭の中で，文具流通の中核であった
文具店の地盤沈下が進みつつあった。1982年から1991年の10年間に，文具
店チャネルの販売シェアは，69.6％から58.4％に急速に低下していた。

　今後も同様の傾向が続くことが予想される中，プラス社では将来の文具流
通のあり方を考えるための検討委員会を設立し，その委員会の検討結果とし
て採用されたのが法人向け通信販売であった。

　法人向け文具の市場規模は，文具全体（1兆4,000億円）の約75％を占め
ていた。従来，法人向け文具は，その従業員規模によって，販売方法が異
なっていた。プラス社が注目したのは，660万の法人事業所の95％を占める
従業員30名未満の事業所であった。

　従業員30名未満の事業所では，文具店の外商による販売の割合が低く，
文具店での店頭販売が一般的であった。また，文具店の外商があったとして
も，購入量が少なく配達頻度や他のサービスにおいて不満を持つ顧客も多
かった。プラス社のアスクル事業は，この従業員30名未満の事業所を標的
顧客として，大規模事業所と同様の高いサービス水準を提供することを目的
としたものであった。

　アスクルのシステムでは，まず，アスクルのエージェントとよばれる既存
文具店を中心とした顧客の勧誘・登録によって，カタログが配布される。顧
客はカタログを見てFAXもしくはインターネットで発注する。当初カタロ
グには562アイテムの商品が掲載されていたが，その後順次アイテム数を増
やし，1999年には8,700アイテムになった。アスクルのビジネスフローを図
表11-1に示す。

図表11-1 ● アスクルのビジネスフロー

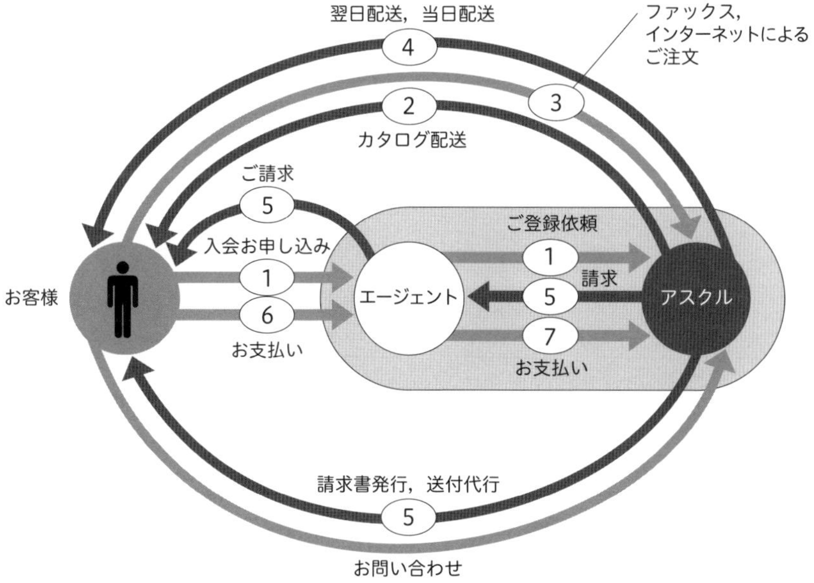

出所：アスクル㈱　ホームページ
　　　https://www.askul.co.jp/kaisya/business/model.html

　当時，注文は24時間1個から受け付け，インターネットでの発注は18時
まで，FAXでの発注は15時まで翌日配送で（その後，地域によっては当日
配送もスタート），東京江東区の本社倉庫から発送された。なお，対象地域
は，本州，四国，九州で，1回の注文が2,500円未満の場合には，配送料と
して300円の負担が必要であるが，2,500円以上では配送料は無料であった。

配送コストとの差額は，アスクルとエージェントとの折半となっていた。顧客からの支払いは，月締め一括支払いであり，銀行振込もしくは口座引き落としが可能であった。

アスクルの提供するサービスは，年々充実していき，翌朝10時指定配達（有料：300円），個人やSOHOに対応するポータルアスクル（インターネット利用，カード決済），物流センターを全国に拡大するとともに，当日配送（東京23区，大阪市内に限る）などのサービスが追加されていた。

その後も，売上げを拡大するためさまざまな施策がとられた。

取り扱いの商品は当初，文具が中心だったが，その後，品揃えを拡大していった。オフィス家具，生活雑貨などのオフィスで必要なものはほぼすべてといってよいくらいカタログに掲載され，加えて医療機関向けのメディカルカタログなども発刊した。もともとプラスの製品のみを扱っていたが，顧客の要求に柔軟に対応し，プラス製品の競合となる他メーカー品の取り扱いも増やしていった。

また，他社の参入がほとんどない95年には，製販連携による商品開発やメーカーに対する出荷価格切り下げ協力によって，メーカー希望小売価格の30％前後の割引を実現した。並行して，顧客へのアンケート調査を積極的に実施し，PB製品の取り扱いを増やしていった。PB製品のうち価格訴求が必要な各種サプライ（消耗品類など）ではそれ以上の割引率が設定された。

一方，アスクル事業をスタートさせる際には，プラスと取引のある既存文具店からの激しい反発があった。多くの文具店が地盤沈下に悩んでいる状況で，プラスが通販事業を行うことには，既存文具店の反発を買ったのである。これに対しアスクルは，既存の文具店とともに発展していく道を模索し，文具店をエージェントとしてアスクル事業の中に取り込むことが検討された。その結果として，マス広告を打たないかわりに，顧客の勧誘や債権管理を文具店（エージェント）に任せ，売上高の20％程度のマージンを提供した。

アスクルは，初年度こそ売上高2億円にとどまったが，その後，対象顧客

や取扱商品を拡大し発展させたことにより，売上高を伸ばし，2018年度の売上高は3,604億円となった。

【引用文献・記事】

池尾恭一『アスクル株式会社―オフィス通販事業』慶應義塾大学ビジネス・スクール
　ケース，1998年。
アスクル㈱　ホームページ　https://www.askul.co.jp/

12

寺田倉庫
「minikura」
ミニクラ

「minikura」とは，寺田倉庫㈱が個人向けに運営する業界初のクラウド収納サービスである。月に200円（税抜）〜で3辺合計120cmのダンボール1箱を預けることができる。最も基本的な「minikura HAKO」の使い方はこうだ。消費者はまずはサイトにアクセスし会員登録をする。預けたいものの大きさや形状に応じて3種類の箱からサイズを選ぶと箱が家に届く。それに荷物を入れて送ると，月々200円（税抜）で預かってくれる。箱ごと取り出す場合，16ヵ月以上預けていれば送料0円，16ヵ月未満の場合は850円（税抜）である。家から一歩も出ずに預け入れができるサービスであるため，通常のトランクルームのようなエリアの制約はない。

「minikura MONO」の場合は，箱単位ではなく中身のモノ単位での管理をしてくれる。minikura が箱を開封し，30点までのアイテム撮影とリスト化をし，マイページで管理できるようする。箱ごと取り出すだけでなく中身を1点ずつ取り出すことが可能である。月々の保管料が250円（税抜），アイテムごとに取り出したい場合は800円（税抜）の送料となっている。自分が預けたものを，PCやスマホで確認することができるので何を預けたのかわからなくなることはない。アイテムごとの管理であるため，1点ごとにオプションサービスが利用できる。ヤフオク！へ出品，クリーニングなども可能である。他にも，本専用の「minikura Library」，吊るした状態で衣類を保管してくれる「minikura Closet」というサービスもある。

本来，倉庫業というものは，多くがBtoBビジネスであり，不動産や人員に投資をし，顧客企業の指示どおりに保管し動かすことが主な仕事であった。倉庫業の市場規模は，3,938億円（2017年）であり，ここ数年横ばいであった。BtoB市場は低下傾向であり，BtoC市場が伸びていた。中でもトラン

minikura 管理画面

専用 Box

出所：minikura　ホームページより

クルームなどの収納サービス市場は2013年度から５年連続で年率10％ずつ拡大しており743億円（2018年度）と増加していた。

　寺田倉庫は1950年に，政府のお米を預かる倉庫として設立され，その後，法人相手のビジネスを中心に展開してきた。当時の主要な事業は「トランクルーム」「機密文書」「不動産」の３つであったが，保管ビジネスでは，大手の参入もあり競争環境は厳しくなる一方であった。

　中野善壽氏が代表に就任したのは2012年であった。その頃から，寺田倉庫のビジネスは様変わりしていく。拡大路線から一気に，機動力の持てる規模にまでスリム化し，注力事業の明確化とそれに伴う設備投資を図った。具体的には，自社倉庫を使った富裕層向けのアートやワインの保存ビジネスと，倉庫のクラウド化による無数の顧客を対象としたインターネットを使ったminikura である。さらに，地域貢献や社会貢献にも積極的に取り組み，天王洲エリアの開発，ベンチャー企業のスタートアップ支援，若手アーティストの支援などまで手掛けている。

　自社倉庫にアート作品やワインを預かるというサービスは以前から行っていたが，その内容は現在とまったく別物であるという。扱うものは同じでも，以前の法人向けの保管ビジネスから，個人向けのビジネスに大きく変貌させている。単にモノを「保管」（物理的スペースに預かること）するのではな

く，「保存」（鮮度や状態を保つこと）を志向した。学術機関と提携し，保存技術向上のための様々な取り組みも行っている。たとえば，東京藝術大学の「アートイノベーションセンター」との美術品保存の共同研究，横浜美術大学における美術品修復の寄附講座の設置などである。天王洲エリア内に美術品修復施設や画材ラボも置く。また，山梨大学との共同研究では，ワインを熟成させる環境についての研究を行っている。ワイン倉庫はまるでホテルのような豪華さであり，熟成させたワインをゆっくり味わうことができるラウンジでは，ソムリエがサーブするというサービスも用意されていた。

　ワイン保管事業においては，その31％が海外の顧客であるという。歴史のある企業であること，最先端の設備，安全な国である日本，空港からの利便性などがその要因であるという。これらのニッチな市場で100％のシェアを獲得できれば，価格は自分たちで決められる。そういう事業を広げようとしていた。

　もうひとつの「倉庫のクラウド化」による無数の顧客向けビジネスは，不動産に投資するのではなく，システムに投資をすることで，保管保存を仕組み化したものである。倉庫会社といえば，不動産投資により倉庫を自社で保有することで規模の拡大をしていくことが通常の手段であった。しかし，このクラウド化は，倉庫スペースを自社で保有するのではなく，他社が持つスペースを活用することによりその規模を拡大しようとするものである。ある一定の基準を満たした倉庫会社をパートナーとし，複数の倉庫をクラウド上でひとつの倉庫として扱うのである。

　倉庫業にとってのBtoCビジネスは，保証などが難しいという懸念はあったが，小規模であっても借りてくれる多くの顧客がいたほうが，かえって安定する。BtoB事業では，得意先の比率が上がっていけばいくほど，お得意様のパワーが増してしまい，多くの要求を断れなくなってしまう。ところが，個人客が無数にいる場合には，一気に取引をやめられるといった危険性は少ないからであった。

　当時，1人で新規事業部を担っていた月森正憲氏は，BtoCの倉庫業に対

して２つの課題を感じていた。１つは，消費者が倉庫に対してマイナスイメージを持っているという点である。契約しても時間が経つと何を預けているのかわからなくなり，結果的に，トランクルームを雑多な物置としてしか見ていなかったケースだ。もう１つの課題は，倉庫会社のマーケティング力の弱さであった。これまで倉庫会社は，顧客の「部屋を片付けたい」「ものをすっきりさせたい」というニーズに，寄り添えていなかった。料金体系はわかりにくく，さらに契約や手続きの複雑さ，不透明さも顧客志向とは言えなかった。

　これらを解消するために，minikura は，預けたものを管理するために写真撮影とリスト化というサービスを構築し，わかりやすい料金体系をめざした。個人が預けるものは，１点ものや思い入れのあるものが多い。壊したり傷つけたりしたら取り返しがつかない。その箱を開けるという行為はリスクが高く業界のタブーであった。しかし，何を預けているのかわからなくなってしまっては，意味がない。そこで，写真撮影とリスト化まで行うことは必須であると考えた。

　この写真撮影とリスト化，箱代や送料などの初期費用は，寺田倉庫が負担する形になっている。一度アイテムを預けると短期間で解約する確率は低いことがわかっていたため，初期費用を負担することが可能であった。それだけの負担をしているにもかかわらず，預かっているアイテムのべ約40万箱（2018年１月）のうち，70％以上の箱がビジネスとして損益分岐点を超えていた。

　当初は直接消費者に告知しても，認知度は上がらなかった。認知度を上げるエポックとなったのが，ヤフオク！との連携と，API 開発であった。

　2013年，minikura とヤフオク！のシステム連携をすることによって保管から配送までワンストップでできる形になった。売り手が出品したいアイテムを minikura に預けておき，オークションで落札されたときにそこから直接配送することが可能であった。買い手側も，実際に倉庫にあるアイテムを配送してもらえるため，入金したのに商品が届かないというリスクがない。

また，お互いの住所を知らせるリスクもないという利点まであった。

　さらに，独自の API 開発により外部企業との接続が可能となった。API とは，アプリケーション・プログラミング・インターフェイスの略であり，自社のシステムの仕様を外部向けに開放することで接続を可能にすることである。これにより，外部企業が minikura の仕組みを自社サービスと連携させ顧客に提供することが可能になったのである。これを使ってバンダイが「魂ガレージ」というフィギュア専門のストレージサービスを開始している。フィギュアのコレクターにとって「バンダイ」の事業であることは，入り口としての安心感があるという。minikura がプラットフォームへと進化したのである。

　さらに寺田倉庫では，スタートアップへの支援を行うインキュベーション事業も始めている。アイデアがあるのに，物流機能と資金がないという起業家に，それらを提供し，背中を押すことができる。その最初の事例が，「airCloset」である。月額制のファッションレンタルサービスを考えていた創業者 2 名とともに，3 ヵ月かけてそのシステムを作っていった。さらに，モノの SNS である㈱サマリーの代表，山本憲資氏とともに「サマリーポケット」というサービスを開始しマネタイズの手伝いをすることができた。サマリーは，アプリのデザインやユーザー・エクスペリエンスが優れているため，minikura の担当者への刺激にもなっているという。

　さらに，㈱レナウンの月額制ビジネスウェアレンタル「着ルダケ」といった新サービスの立ち上げに携わり，オペレーション構築や物流面をサポートしていった。

　これらのノウハウを活かし，2018年 8 月，シェアリング特化型の物流プラットフォーム「minikura＋」をリリースした。レンタルサービス，EC，C to C などあらゆる事業を主に物流面からサポートするプラットフォームである。小規模なビジネスから大企業の新規事業まで規模を問わず，個品管理から入出庫，保管といった必要な機能を最短 5 分で導入することができる。このプラットフォームでは，買い取りやC to Cなどの二次流通市場へと機能

拡大も視野に入れていた。

　この minikura＋をプラットフォームとしたビジネスでは，今後，様々な可能性が考えられた。サブスクリプション型の「レンタルビジネス」，C to C の「シェアリングビジネス」である。

［謝辞］　本ケースの作成・掲載にあたり，寺田倉庫株式会社　執行役員　スペースコンテンツグループリーダー　柴田可那子氏，minikura グループ　minikura チーム　吉間梓氏（役職は取材当時）に協力をいただいた。ここに感謝を申し上げたい。

【引用文献・記事】

minikura ホームページ　https://minikura.com/
後藤直義「秘密企業　寺田倉庫：フォークリフト男が、倉庫の"発明家"に化けた20年間」News Picks，2018.1.18。
畠山仁友・上原拓真「倉庫ビジネスから高付加価値の空間活用ビジネスへの転換　寺田倉庫」，『マーケティング・ジャーナル』Vol.36 No.4，2017年，pp.133-144。

13

エススエス製薬
「ハイチオールC」

　エスエス製薬㈱のしみ・そばかすケア商品「ハイチオールC」は，1972年の発売以来，同社の収益を支える重要な商品である。1998年のリニューアルによって売上が拡大した同商品であったが，近年は同商品を取り巻く環境変化は厳しく，対応すべき問題が山積していた。

　1972年に発売されたハイチオールCは，アミノ酸の一種である「L－システイン」を主成分としたビタミン含有保健剤と呼ばれる医薬品で，もともとは，全身倦怠に始まり二日酔い，湿疹やじんましんといったアレルギー症状，しみやそばかすに至るまで，幅広い効能を持つ万能薬として売られていた。症状が現れた時の治療薬として，主として30～50代の消費者に服用され，街の薬局・薬店で薬剤師による説明や推奨を通じて売られた。1998年のリニューアルまでは，売上は店頭価格ベースで年間30億円から40億円前後で推移していた。

　1990年代に入ると医薬品の流通ではドラッグストアが成長し，消費者にとっての薬を買う場所は少しずつドラッグストアにシフトし始めた。セルフ販売を主とするドラッグストアの台頭により，薬剤師による説明・推奨を要する同商品は苦戦を強いられるようになってきた。そこで，当時は美白ブームが全盛だったこともあり，1998年，同社はこれを追い風としてハイチオールCのリニューアルを決断した。リニューアルにあたっては，ドラッグストアの中心顧客となる若い女性をターゲットとして設定し，効能の一つであるしみ・そばかすケアに特化した生活改善薬として売り出すことになった。値段は，ターゲット層の経済的負担を考慮して，3,800円から2,200円に下げられた。それにより，リニューアル前は228円だった1日当たりの価格が147円に低下した。パッケージは効能を明示した明るいイメージのものに刷

新され，テレビ広告の大量投入と同時に，販売店への積極的な販促活動も展開した。このリニューアルにより売上は２年で倍増し，1999年には100億円を超えた。ハイチオールＣの成功はしみ・そばかすケア市場を創造し，その後，多くの医薬品メーカーが同様の商品を投入したとこともあり，この市場は急拡大していくことになった。

　2001年より同社は外資の大手医薬品メーカーの傘下に入り，「女性のための医薬品メーカー」として，医療用医薬品事業を他社に売却し，大衆薬１本での事業展開を目指すこととなる。

　その後，商品のバリエーションを拡大し，2006年に１日３回服用から２回服用に改良した「プルミエール」，2010年に従来の商品と入れ替える形で，ビタミンＣの含有を増量した「プラス」，2015年には「ホワイティア」を追加した。2009年６月の店頭販売規制緩和（改正薬事法施行）に伴い，同商品が属する第三類は，薬剤師がいなくても登録販売者がいれば販売可能になったことで，販路が一気に拡大することになる。重要販路であるドラッグストアはさらに大型化・多店舗化し，ドラッグストアの中にはプライベートブランドを投入するものも現れた。多くの医薬品メーカーがしみ・そばかすケア市場に参入したことで，ドラッグストアによる商品の選別と店頭での価格の圧力は強くなった。近年は一般医薬品のネット販売が可能になったことで，価格競争は一層激化している。さらに，しみ・そばかすケアに対しては，医薬品だけでなく，サプリメント，塗布薬，簡単な手術，しみ隠し商品，エステサービスなど代替製品・サービスなど，消費者の選択肢は多くなった。

　このような状況の中で同社としては「ハイチオールＣ」の今後のマーケティングについて考えねばならなかった。

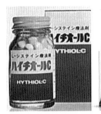

リニューアル前（左）と後（右）の
パッケージ

出所：エスエス製薬㈱　ホームページ
https://www.ssp.co.jp/corporate/history/006/

【引用文献・記事】

エスエス製薬㈱　ホームページ　https://www.ssp.co.jp
『日経ビジネス』日経 BP，1999年11月 1 日，p.32–33。
『日本経済新聞朝刊』，2008年 8 月15日（p.10），2013年 4 月 5 日（p.11），2016年
　 7 月 8 日（p. 4 ）。

● **設問**

1. 1998年のリニューアルの際に影響を与えた環境変化と，同商品に対して設定されたマーケティング課題とはどのようなものでしたか。

2. 1998年のリニューアル前後のマーケティングを整理した上で，リニューアル時の成功要因について考えてください。

		リニューアル前	リニューアル後
顧客特性			
顧客にどのような薬として認識されていたか			
マーケティング・ミックス	Product		
	Price		
	Promotion		
	Place		

3. 近年，同商品のマーケティングに影響を与えると考えられる環境変化とはどのようなもので，それに対して同商品にはどのようなマーケティングが求められますか。

14 オフィスグリコ

　グリコチャネルクリエイト㈱が展開するオフィス向けの置き菓子事業「オフィスグリコ」は，2002年の本格展開から着実に拠点を増やし，売上は2014年に48億円，2016年に60億円と順調に拡大している。同社がリフレッシュボックスと呼ぶ。お菓子を詰め合わせた無人販売ツールの台数は，2016年度で約13万台とサービス開始時の10倍以上に増えた。もともと江崎グリコ㈱の一事業としてスタートした同事業であったが，軌道に乗った2016年には同社の100％子会社として分社化された。しかし，近年は，オフィスへの無人販売拠点を展開する企業が相次いで参入し，同社としても何らかの対策を検討しなければならなかった。

　オフィスグリコ事業は，1997年に江崎グリコ社長が打ち出した「消費者との接点を多様化する」という方針の下，同社の一事業としてスタートした。人口減少や少子化が不可避となる中で，若年層をターゲットとした小売店を主販路とするお菓子事業では今後大きな市場拡大が期待できない一方で，職場での間食需要の高まりを受けて，2002年にオフィス向けの置き菓子事業を本格的にスタートさせた。

　幅19cm，奥行き26.5cm，高さ40cmの半透明ボックスに，主に江崎グリコのお菓子を17種類程度詰め合わせ，週に約1回，専門スタッフがお菓子の補充・交換をする仕組みである。顧客側の手間はなく，顧客は100円を投入口に入れ，好きなお菓子を一つ取り出して食べる。こうしたオフィスグリコの仕組みや専用箱は，「商品ボックス管理装置」「商品ボックス管理システムおよびプログラム」として特許登録されている。

　お菓子の品揃えは3週間ですべての商品が入れ替わり，年間150〜120種類の商品が並ぶことになる。品揃えにあたっては，競合製品や小売りの意向

とは関係がないため，顧客からのリクエストにも応じながら売り手が比較的自由に選定することができた。例えば，「ビスコ」や「フレンドベーカリー」は，テレビＣＭが流れることはないためにコンビニエンスストアには置かれにくいが，オフィスグリコでは売れ筋商品である。価格は，店頭価格が100円を上回るものもあるが，ワンコインの利便性を重視して，１個100円で販売された。

　顧客の７割が男性であり，夕方以降に利用することが多い。コンビニやスーパーまでわざわざ出向くほどでもなく，または店頭でお菓子を購入するのには抵抗があるが，手元にお菓子があれば食べたいという男性のニーズをうまくつかんだ。近年は，従業員のリフレッシュやストレスの緩和につながるとする企業が積極的に導入する例も増えている。

　同社による顧客の開拓にあたっては，直接各部署を訪問するという飛び込み営業が主ではあるが，設置を即決してくれるオフィスも少なくない。Ａ４用紙１枚程度のスペースがあれば設置可能である他，部署単位での利用で，自動販売機とは違い設置料や電気代がかからないため，総務部門などの了承がなくても問題になることは少ないという。設置場所の商圏は，2013年時点で全国に57ある各販売センターの半径１kmに設定され，設置数1,800箱を基準として，そこを12人の販売員が受け持つ。週１度の巡回で回収する売り上げは１か所あたり1,000円足らずで，代金の回収率は95％ではあるが，値崩れの恐れがない点は，代金未回収のリスクを補うものであった。今後，商圏内での箱の密度が高まり，利用者の認知度が高まれば，安定的に利益を稼げる見通しであった。

　非常食や常備食としての需要もあり，その他の販路として，近年はネットでの販売も行っている（お菓子17個付き4,980円　補充・交換サービスなし）。

　商品の補充や代金回収の仕組みを構築する必要があるため，この業界への参入障壁は必ずしも低くないが，近年ではオフィス向けに同様のサービスを展開する企業が増加している。同業他社では，ロッテが特約店を通じてお菓子専用箱の設置を2008年から開始し，通販大手の千趣会もお菓子専用箱で2007年に参入した。そして，2013年からはコンビニ大手のファミリーマー

トが，2017年からはローソンが，オフィスに専用棚を設置し，電子決済による菓子やカップ麺などの無人販売を始めた。現金払いの場合には，100円から大きく外れる商品を品揃えに組み込むことが難しいのに対して，電子決済の場合には，価格によって品揃えが制限されることはなく，多様な商品の取り揃えが可能となる。特に流通業者がこの事業を展開する場合には，多様なカテゴリーの商品をメーカー横断的に取り揃えることも可能である。

また，電子決済であることで，売れ行きが即時にデータ化されるため，欠品防止や売れ筋商品の拡充にも柔軟に対応できる。その他，電子決済を取り入れた置き菓子サービスを展開する企業の中には，宅配便を使ってオフィスに届けたお菓子を取引先の総務担当者らに職場に置いてもらう仕組みを採用する企業もあり，このような企業は巡回による商品配送や代金回収の必要がないため，配送エリアの制約がなく，地方や工業団地へのサービス展開が可能である。

近年，置き菓子サービス事業へは，菓子メーカーだけでなく，流通業者や物流業者など業界の垣根を超えた参入が相次ぎ，同社としても専用箱の設置を今まで以上に急がなければならなかった。

オフィスグリコの設置例（筆者撮影）

【引用文献・記事】

『日経産業新聞』，2007年11月19日 (p.21)。

『日経情報ストラテジー』日経 BP，2007年 6 月，pp.54–59，2009年 1 月，pp.46–47。

『日経デザイン』日経 BP，2009年 4 月，pp.66–67。

『日経ビジネス』日経 BP，2009年 3 月 2 日，pp.120–123。

『日経流通新聞』2008年 2 月25日 (p. 1)，2011年 4 月27日 (p. 3)，2014年 9 月 3 日 (p. 1)，2016年 2 月29日 (p. 4)，11月22日 (p.13)，2017年 6 月20日 (p. 9)，2018年11月14日 (p. 3)，2019年 4 月26日 (p. 7)。

『日本経済新聞朝刊』，2014年 6 月17日 (p.11)，2016年11月22日 (p.13)。

15 カジタク「家事玄人」

カジタク
カジクラウド
「家事玄人」

　アクティア㈱が手掛ける家事支援サービス「カジタク」では，2010年5月から展開するサービス「家事玄人（カジクラウド）」がユーザーの支持を受けている．家事支援サービスに対する潜在需要は8,000億円とも言われ，今後のさらなる市場拡大が期待されるが，競争は激化する傾向にあり，従来の競争相手に加え，異業種からの参入も増えている．業界全体として人手不足という課題も抱える中で，同社としても独自性を活かしたサービスをどのように展開すべきか検討が重ねられていた．

　今日，共働き世帯の増加，仕事と介護を両立させざるを得ない女性の増加，晩婚化による40歳代で小さな子供を抱える家庭の増加，単身者や核家族世帯などの少人数世帯の増加，そして高齢化などを背景に，家事支援サービスに対するニーズは大きい．

　家事支援サービスは大きくハウスクリーニングと家事代行サービスに分けられる．ハウスクリーニングは，専門技術を持つスタッフが特殊な洗剤や機材を使ってレンジフード，浴室，エアコンなど，場所ごとの清掃を行い，場所ごとに1～2万円の料金が設定され，1回きりのスポット契約で利用されることが多い．一方，家事代行サービスは，時間単位の料金設定で，契約時間内なら何ヵ所でも掃除を依頼することができる．専用の掃除道具を持参するわけではないので，掃除ができるのは手に届く範囲に限られる．家事代行サービスは，かつては家政婦などが担い，富裕層が主な顧客であったが，今日はサービスも細分化・ライト化され，様々な人が手軽に利用するようになり，定期的に利用されることが多い．

　このような社会背景の中で，前身の㈱カジタクは2010年に「家事玄人」を発売した．家事玄人は，ハウスクリーニング，衣類や布団の保管，家事代

行など，実際のサービス内容は従来の家事支援サービスと変わらないが，その販売方法は独特で，掃除・クリーニングなどのサービス内容の説明書やチケットを箱詰めにしてパッケージ化し，スーパーや量販店の店頭で，全国一律価格で陳列販売した。当初はカタログやギフト券のような形態も検討されたが，「利用シーンを狭めずに年中売りたい」との考えから箱詰めにしたという。消費者はこの箱をレジで購入して同梱されているチケットを使って注文するだけで，下見も，見積もりも，価格交渉も不要でサービスを依頼することができる。長期契約も不要で，スポットで利用できる点が手軽にサービスを利用したいニーズを引き付けている。

　従来の家事支援サービスの注文は，電話帳やネットで探した業者に下見と見積りを依頼し，実際にサービスが実施されるまでには時間がかかり，価格も高くなりがちであった。一方，家事玄人は，掃除箇所によって値段は異なるが，90分間6,000円〜12,000円の全国一律価格で，複数個所の清掃をまとめて申し込むと割り引くパック商品などもあり，従来のサービスに比べて割安な価格設定である。カジタクは，全国の約340社・20工場と提携し，提携先の業者に空き時間を活用してもらうことで価格を抑える工夫をした。

　家事玄人を購入する顧客の約65％が30〜40代で，残りの35％が50代以上である。箱詰めでパッケージ化されていることもあり，プレゼントとして活用されるケースも多く，夫から妻へ，子から親へ，親から一人暮らしの子供に贈るなどの用途があるという。

　2015年時点で，スーパーや家電量販店など全国3,200店で扱われており，家電量販店の店頭では，空調機器コーナーに「エアコン洗浄サービス」，ガスレンジ近くに「台所回りの掃除サービス」の箱を置くなどの工夫がされている。季節に関係なく売れるため，家電量販店としても好都合であった。2011年にカジタクがイオンの子会社になってからは，イオングループでの取り扱いも増えている。

　現在，家事支援サービス市場をめぐる競争は激しく，㈱ダスキン，HITOWAライフパートナー㈱，㈱ベアーズが順調に売り上げを伸ばしている。業界3位で急成長しているベアーズは家事代行を主とし，専任のスタッ

フを抱え，研修を強化して接客品質を高めている。同社のギフト用パッケージはスーパーなどで販売され，安価なものは1時間5,000円程度である。ベアーズ・エクスプレスと呼ばれる注文形態は，コンビニエンスストアに設置されている端末でチケットを購入することができ，希望する家事を電話で伝えてサービスを受ける仕組みである。

　スタッフを直接雇用せずネットで低価格で仲介するようなプラットフォーム型の新しいサービスも登場した。「タスカジ」は，条件に合ったスタッフをユーザーが自ら探すマッチングサイトであり，1時間1,500円から（税込）サービスを請け負う。スタッフは身分証確認や面接，テストを経てサイトに登録されているが，それぞれが個人事業主という扱いである。

　現在，家事支援サービス市場では，今後さらなる拡大が期待されるものの，各社は競争の激化と人手不足という課題を抱え，同社としても今後の対応について検討せねばならなくなっていた。

図表15-1 ● 家事玄人のパッケージ（左）と店頭での陳列（右）

出所：カジタク　ホームページ　https://www.kajitaku.com/

【引用文献・記事】

『日経おとなの OFF』日経 BP，2017年12月，p. 8 。

『日経 Trendy』日経 BP，2010年 8 月（pp.74–75），2016年 1 月（pp.114–117）。

『日経 Trendy for Woman』日経 BP，2014年，pp.112–120。

『日経流通新聞』，2014年 4 月25日（p.11），2014年 5 月 9 日（p. 9 ），2014年 7 月
　18日（p. 4 ），2014年11月14日（p. 6 ），2015年11月 4 日（p. 6 ），2015年12月 9
　日（p. 4 ），2018年11月 7 日，2019年11月 6 日。

野村総合研究所『家事支援サービス業を取り巻く諸課題に係る調査研究』（経済産業
　省委託調査報告書）

　　https://www.meti.go.jp/meti_lib/report/H29FY/000261.pdf

16 フランスベッド ネット販売課

　2018年の，雑貨・家具・インテリア分野のEC市場規模の伸び率は高く，EC化率は22.5％となっていた。アメリカでも大型家具のECプラットフォームが台頭してきていた。そのような中，国内大手メーカーであるフランスベッドも，ネット経由の流通ルートを強化する必要にせまられていた。ネット販売課は，ネット専業店を主に担当する部署であり，今後，ネットでの流通戦略を考えねばならなかった。

　フランスベッド㈱は，1955年に日本初の分割式のベッドを発売し，日本製のベッドを作るメーカーとして成長してきた。その関連会社であるフランスベッド販売㈱では，1983年に療養用のレンタルサービスを開始した。この事業は，当初約10年間は赤字続きであったものの，その後黒字化し，2000年の介護保険導入後業績が急激に拡大し収益を伸ばしていた。この部門は1987年にフランスベッドメディカルサービス㈱に商号変更後，2009年にはフランスベッドと合併し，現在ではその収益の多くをこのメディカル部門が支えていた。

　一般のベッド販売の環境も激変してきていた。家具小売店の数は年々，減少を続けていた。商業統計によると，ピーク時の1982年には事業所数は3万を超えていたものの，2012年には5,600となり底をうち，その後横ばいを続けていた。また，年間販売額はバブル期の1991年には2.7兆円であったが，現在では8千億円台まで減少していた。販売額は1/3以下になっているにもかかわらず，売り場面積は2/3に減少したにとどまっていた。つまり㎡あたりの販売額は半減していることになる。

　また，小売だけでなくメーカーも苦境に立たされていた。2017年に組み

立て家具のトップメーカーが倒産したほど，安い輸入家具に押される厳しい市場となっていた。

フランスベッドは，国内大手のベッドメーカーであり，長年，多くの家具店との取引をしてきていた。これまで高度成長期からフランスベッドの販売を担ってくれてきた地域の家具店は，商品を仕入れ，在庫を持ち，店頭に展示し，販売員を配置し，販売してくれていた。倉庫や配送トラックなど物流機能を持ち，地域への配達を得意としていた。また，店頭での接客をする販売員には，フランスベッド社内のスリープアドバイザー資格を積極的に取得してもらっているなど，お互いに協力関係を築いてきていた。

さらに，様々なベッドを顧客に試してもらうことができる展示会を各地で開催していた。家具店の販売活動のサポートも行っていた。家具店の店頭スペースには限りがあり，多くのベッドを展示することは難しいが，この展示会を開催することにより，現物を見て試すことができるようにサポートを行っていた。地域の家具店は，見込み客に向けて招待状を渡すことで展示会へ誘引し，そこでの販売は地域の家具店を通して販売される仕組みをつくっていた。

一方，ネット上には安い価格で売り出すネットのみの専業店舗がいくつも開業していた。

消費者が，リアル店舗で体験したあと，ネットで価格の安い店を探してそこで購入することは，「ショールーミング化」と言われており，リアル店舗を持つ家具店は，これを非常に嫌っていた。同じ品番のものがネットで安く売られていることは，このショールーミング化される可能性が高くなることを意味していたからであった。

そのため，リアル店舗からのネット専業店に対する不満が起こっていることも確かであった。小さなネットショップが乱立してきており，メーカーでは管理しきれない状態になってきていた。

ネット専業店の場合は，店舗を持たず，仕入れをせず，配送もメーカー直送であった。ウェブ上にページを作り，商品説明や問い合わせ対応は丁寧に

実施していた。さらに，レビューを集めることに熱心であった。高単価のものは扱っていないものの，数万～30万円の価格帯のマットレスやベッドを中心に取り扱っていた。フランスベッドという信頼感のある日本製のブランドを扱うことで顧客からの信頼を得ることができているようであった。リアル店舗を持つ取引先と異なり，仕切り価格は高めに設定されていた。そのため，安売りをしてしまうと非常に利益は少なかったが，手間もかかっていないため，それでも経営は成り立っているようであった。

　リアル店舗の家具店への卸価格は，ネット専業店よりも低くなっていたが，彼らはその分，仕入れリスク，人件費，店舗など多くの経費をかけていた。その店舗を使ってのショールーミング化は，確かに問題であった。

　フランスベッドのネット専業小売店向けの販売シェアはおよそ数％程度であったが，今後シェアをあげるための最も大きな課題のひとつが物流であった。2018年になると，ベッドの配送料が急激に高騰してきていたからである。7年前に佐川急便がベッドの配送から撤退し，その後は一部の運送業者が引き受けてくれていたものの，委託できる運送業者の数も限られており，配送料はますます高くなっていた。たとえば，マットレスを1つ送る場合に，郊外から都内への配送が数千円～1万円超えにまでなることもあった。通販市場の拡大にともなう宅配便取扱個数の増加，不在による再配達問題，人手不足などにより，配送料が高騰していたのだ。特にベッドの配達は1人ではできないため，2人による配送となる。さらに設置や組み立ても委託するとなると単なるドライバーの仕事だけではなく，サービスマンとしての役割も担うことになっていた。また，実際に配達に行ってみると，大きなマットレスが階段を通らないなどの問題もあった。そのようなトラブルを防ぐための事前の打ち合わせは，本来，小売店舗が解決してきていた。しかし，配送をメーカー任せにしている場合が増えていたため，打ち合わせの手間が増えてきていたことも事実であった。

　そもそも，ベッドの配送は複雑であった。発注を受けてから，全国の複数の倉庫に在庫されているベッドフレームのパーツやマットレスを，仕様にあわせて組み合わせて納品せねばならなかった。そのため，在庫があったとし

ても配送までに1週間以上は必要となっていた。

　このような状況のもと，フランスベッドはネット専業店をどのように味方につけ共存していけばよいのだろうか。

【引用文献・記事】
経済産業省　『平成30年度　電子商取引に関する市場調査』
フランスベッド㈱　ホームページ　https://www.francebed.co.jp/

17

セブン - イレブン・ジャパン

㈱セブン - イレブン・ジャパンは，1974年に東京都江東区豊洲4丁目に一号店をフランチャイズ契約で出店して以来，「既存中小小売店の近代化と活性化」「共存共栄」を創業理念に掲げ，「変化への対応と基本の徹底」をスローガンに，成長を遂げてきた。日本全国に20,876の店舗を展開し，日本国内のチェーン全店売上高は4兆8,988億7千2百万円である（2019年2月期）。日本で最大の売上高と店舗数を持つとともに，大手コンビニエンスストア（以下，CVS）チェーンの中で一店舗あたりの一日の販売額（平均日販）が65.3万円と最大でもある。世界のセブン - イレブンの店舗数を合計すると68,236店舗であり，全体の売上高は11兆円を超える。

フランチャイズ・システムとは，本部（フランチャイザー）と加盟店（フランチャイジー）とが「フランチャイズ契約」を締結し，それぞれが役割を分担しながら，チェーン全体の成長を目指す仕組みである。契約上，本部と加盟店とは独立した事業主同士の対等な関係であり，本部が加盟店に対して優越的地位を濫用することなどは，独占禁止法で規制されている。加盟店は販売機能に集中し，本部は販売以外の店舗指導，商品開発や宣伝広告などの機能を充実させ加盟店をサポートする役割を担うことが一般的である。

加盟店からの発注情報は，まず本部に集約され，ベンダー（納入業者）やメーカーに情報共有される。メーカーは発注情報に合わせて商品を製造・出荷し，ベンダーが事前に決められた時間通りに，加盟店ごとに商品を配送する。加盟店は店頭に届けられた商品を検品の上，陳列・販売する。

加盟店は毎日一回同じ時間に売上の締め（決算）を行い，売上データを本部に送信の上，売上金等は全額本部に送金することが義務付けられている。本部は，各加盟店の仕入債務を集計し，加盟店に代わって支払代行する。

フランチャイズ・システムの利用によって，加盟店側には，「ロイヤリティ」の対価として，知名度の高い商標の利用が可能になる，事業経験がなくても本部の指導を受けて事業を開始できる，などのメリットがある。フランチャイズ・システムでは売上げに対してロイヤリティが設定されることが一般的であるが，CVSの場合には，「粗利分配方式」を採用するチェーンが多い。これは，加盟店の売上総利益に事前に決められた一定比率を乗じた金額をロイヤリティとする方法である。一般的には，総利益の45％程度に設定されることが多い。

　一方，本部側は短期間での店舗網拡大が可能になるとともに，チェーン全体でのスケールメリットによって調達コストを下げることができる。他方で，チェーンの統一性が優先されるため，チェーンのイメージを維持するためのルールや管理コストが発生する，などのデメリットもある。

　セブン - イレブンの一店舗あたりの総商品数は約2,900アイテムあり，ファミリーマートの約3,500アイテムに対して，アイテム数は大きく絞り込まれている。CVSの毎週の新商品の数は100アイテムにものぼる。つまり，毎週売場にある100種類もの商品が入れ替わっていることになる。

　図表17– 1はセブン - イレブンと競合大手（ローソン，ファミリーマート）の日販構成比較である。セブン - イレブンは，デイリー品の商品開発には特に力を入れてきた。「ベンダー各社には商品開発担当者がいる。総勢600名で，セブンの年間メニュー計画に合わせて試作を重ね，本部の商品開発担当者に新商品を提案する。原材料費や経費，利益配分はオープンで，商品が売れれば加盟店もベンダーも潤うし，失敗すれば互いに損を被る」（『日経ビジネス』2005年8月8日・15日号, p.39）仕組みが確立されている。セブン - イレブンの役員は毎日昼食時に集まり，自社の商品を試食し，もしNGが出れば即発売を中止する決定を下すほど，商品開発にはこだわりをもっている。2007年には原材料調達から商品開発，品質管理まで一貫した体制で，プライベートブランド『セブンプレミアム』を発売開始した。2019年2月現在では4,050アイテムを取り扱い，PB商品の売上は1兆4,130億円と，他社を

牽引している。

図表17-1 ● 主要コンビニエンスストアの売上構成

	セブン - イレブン	ファミリーマート (含サークル K サンクス)	ローソン
非食品	30.1%	41.7%	9.2%
日配品	13.4%	26.8%	13.5%
ファストフード	30.2%	6.1%	24.7%
加工食品	26.3%	25.4%	52.6%

出所：㈱セブンーイレブン・ジャパン「セブンイレブンの横顔 2018-2019」
https://www.sej.co.jp/library/common/pdf/yokogao2018-19_all.pdf
㈱ローソン「ファクトシート」
http://www.lawson.co.jp/company/ir/top/factsheet/
ユニー・ファミリーマートホールディングス㈱「ファクトシート」
http://www.fuhd.com/ir/library/annual/document/UFHD_AR18J_10.pdf

　小口配送や共同配送システムのベースを支えているのが世界最大規模の「総合情報システム」である。本部，加盟店，生産工場，共同配送センターなどはすべてオンラインで結ばれており，店舗での発注情報が生産計画，資材の調達，商品配送などの現場に隅々まで行き渡る。その結果，発注した商品がスムーズに店舗に行き届くとともに，発注・納品・販売・会計などすべてのデータがこのシステムを通じて蓄積され，直ちに営業戦略としても有効活用される。

　総合情報システムは，電話注文の業務効率化や人の手による帳票作成時の

ミス発生の解決策のためのシステム開発・導入であったが，次第にマーケティングへの活用に主眼が置かれるようになっていった。その契機となったのが，平均日販50万円を目前に頭打ちになった1982年からの約3年間である。創業以来一貫して死に筋商品を店頭から排除して在庫を減らし，売れ筋商品を積極的に仕入れて，売上と利益を高めてきたが，数字が改善されなくなってきた。

そこで欠品による機会ロスを把握するために，発注データだけではなく単品の販売データを何としても知る必要がでてきた。この問題意識が1982年にセブン - イレブンが全店に POS（Point of Sales）レジを導入することを決め，同時に取引先に対して納入するすべての商品に POS レジ対応のバーコードの印刷を求めることにつながった。当初，印刷コストを理由に難色を示した取引先も，約1年後には70％の商品にバーコードがつき，80年代後半にはほぼ100％になった。その結果頭打ちだった平均日販は，1985年2月期には初めて50万円を突破した。

POS データはあくまで過去の実績に過ぎない。明日の天候，体感温度，地域の行事予定など，事前に集めた地域の多様な情報から顧客の心理を読み，何が売れそうか仮説を立て，発注し，結果を POS で検証する。POS データは事前に立てた仮説に対する結果検証のために利用するためのものであることが，セブン - イレブンでは繰り返し唱えられている。仮説と検証を繰り返し，機会ロスと廃棄ロスを最小化していく，つまり顧客ニーズを徹底的に満たす不断の努力が「単品管理」である。その後も，「単品管理」をより円滑に行うことに主眼を置きながら，システム改良が続けられてきた。

セブン - イレブンの根幹の1つと位置づけられるのが「総合情報システム」であるが，自社所有ではなく，野村総合研究所などにアウトソーシングして利用している。世の中の変化に合わせて最適な設備やシステムを効率的に構築するために，外部のすぐれた経営資源は徹底的に活用する仕組みをつくりあげている。

セブン - イレブンの特徴の一つは，一般にはスーパーバイザーとよばれるオペレーション・フィールド・カウンセラー（OFC）と OFC 会議である。

OFCは一人7〜8店舗を担当し，原則毎週2回各加盟店を訪問し経営指導を行う。「本部と加盟店は互いに役割を分担して共同事業を行う関係にある。店舗経営は独立した経営者である店のオーナーが責任を持って行う。OFCができるのは助言やアドバイスであって，『こうしなさい』『ああしなさい』と強制する命令権は一切ない。ペナルティーを課す権限も一切ない」（勝見他2005，194頁）という。OFCのマネジメント能力が問われることになる。OFCには，「単品管理」の本質を伝え，加盟店の意識や行動の変革を促しながら，加盟店の経営数値を結果的に改善させるとともにチェーンイメージの維持が期待されている。

　毎週火曜日には，OFC全員を東京本部に集めて行うOFC会議が開かれる。OFC会議では，担当店舗での改善事例の発表，新商品情報の共有，鈴木氏の講話，担当地域単位に分かれての分科会などが行われる。「変化対応業」に徹するセブン-イレブンの最大の敵であるマンネリ化を防ぐため，常に最新の情報がインプットされていく。

　セブン-イレブンは店舗数のシェアが34.7％にもかかわらず，全店売上高のシェアは44％に達する。競合のローソンやファミリーマートが早い段階で47都道府県のすべてに出店したのとは異なり，セブン-イレブンでは，2019年に沖縄県への出店をもって全都道府県への出店となった。

【引用文献】

㈱セブン＆アイホールディングス，㈱ローソン，ユニー・ファミリーマートホール
　ディングス㈱各社ホームページ。
緒方知行『セブン‐イレブンのビジネス・イノベーション』商業界，2006年。
勝見明・鈴木敏文・野中郁次郎『セブン‐イレブンの「16歳からの経営学」』宝島社，
　2005年。
国友隆一「コンビニエンスストアの現状と今後の課題―多様化する業態の可能性と基
　本の重要性」『流通とシステム』127号，㈶流通システム開発センター，2006年。
鈴木敏文「私の履歴書」『日本経済新聞』2007年4月18日，同19日，同23日付け朝刊。
田中陽『セブン‐イレブン覇者の奥義』日本経済新聞社，2006年。
外村高御・余田拓郎『株式会社セブン‐イレブン・ジャパン―マーケティング・イノ
　ベーション』慶應義塾大学ビジネス・スクールケース，2007年。

18 ザ・リッツ・カールトン大阪

　ザ・リッツ・カールトン大阪（以下，リッツ・カールトン）は，全世界に展開する高級ホテルチェーンの日本進出第一号として，1997年大阪梅田に開業した。292室の客室に加え，日本料理，フランス料理，中華料理，地中海料理などのレストラン，10箇所の宴会場，室内プール，婚礼施設などが設けられている。

　ザ・リッツ・カールトン・ホテルは世界各国で5つ星に認定されるなどそのホスピタリティに定評があった。同社ではサービスに対する考え方として「ゴールド・スタンダード」を定め，「クレド」「サービスの3ステップ」「従業員への約束（モットー）」「ザ・リッツ・カールトン・ベーシック」として明文化していた。世界中のリッツ・カールトン全ての従業員は，これらが記載された「クレド・カード」を常に携帯していた。

　リッツ・カールトン・ホテル・カンパニー L.L.C. が設立された際，社長であるホルスト・シュルツを始めとする設立メンバーはリッツ・カールトンの方向性について話し合った。誰もが泊まってみたい，また行きたい，知り合いに勧めたいと思うのはどういうホテルかについて徹底的な話し合いの末に生まれたのが，「クレド（ラテン語で信条，信念，主義の意）」であった。
　「リッツ・カールトン・ホテルはお客様への心のこもったおもてなしと快適さを提供することをもっとも大切な使命とこころえています」と始まるこのクレドは，全従業員が共有する会社の志であった。「最高のパーソナル・サービスと施設」の両方を提供することで顧客のニーズを満たし，「満足」してもらうだけでなく，それ以上の「幸福感」を提供することこそ使命であるとされていた。

「クレド」を実現するための具体的な方法を記したのが「サービスの3ステップ」であった。ここに記載されている「心からのご挨拶」「お客様のニーズの先読み」「感じのよいお見送り」「常にお名前を添える」が，リッツ・カールトンの提供するサービスのもっとも基本となるマニュアルであった。

　リッツ・カールトンではこの「サービスの3ステップ」を重要視していた。世界中の従業員は，「感じがよいとは何か」，「心を込めるとはどういうことか」などをラインナップとよばれる毎朝のミーティングで具体的に話し合い，従業員は自身の考えや経験を共有し理解を深める努力を怠らないよう求められた。

　とくに，「ニーズの先読み」はリッツ・カールトンに固有の行動指針となっていた。ビジネスで滞在する人もいれば結婚記念日や誕生日などのお祝いをするため宿泊する人もいる。世界中からの宿泊客に様々な文化的背景や生活習慣があることはいうまでもない。目の前にいる顧客が今何を求めているかを察知しそのニーズに応えることは，一律のサービス・マニュアルでは到底対応できるものではない。顧客との何気ない会話や雰囲気，仕草など，あらゆるものから情報を汲み取る観察力がまず必須であり，次に，そのニーズに柔軟に対応できる体制が鍵であった。

　このように，リッツ・カールトンは顧客を尊重し，顧客のニーズに沿う努力と工夫をし続けてきた。顧客第一主義の姿勢は顧客満足度を高めるには必須である一方，従業員が顧客と主従関係となりストレスフルな職場になる可能性も高い。リッツ・カールトンは"We are ladies and gentlemen serving ladies and gentlemen"と明言し，「従業員への約束」を提示していた。

　「従業員への約束」には，紳士淑女である顧客をもてなす従業員もまた紳士淑女であり，従業員は決してサーバント（召使い）ではないという関係性が明確に記されていた。またその一方で，従業員を「内部顧客」と位置づけ，従業員同士もまた紳士淑女として尊重し合うものとされていた。「お客様へお約束したサービスを提供する上で，紳士・淑女こそがもっとも大切な資源です」と明記されており，リッツ・カールトンは個人の行動から得られた成

功がそのまま会社の成功であるとみなし，そのために会社が個人を最大限に
バックアップする方針を有していた。

　「クレド」「サービスの３ステップ」「従業員への約束」に明文化された
リッツ・カールトンの哲学を，具体的な行動指針に落とし込んだのが「ザ・
リッツ・カールトン・ベーシック」であった。「クレド」を理解し常に実行
すること（ベーシックの１項），従業員は紳士淑女であること（２項），「サー
ビスの３ステップ」を徹底すること（３項）に始まり，身だしなみやエチ
ケット，安全性の順守などの基本的な接客態度（11, 17, 18, 19項）につい
て明記される。また，「従業員一人一人には自分で判断し行動する力が与え
られています（エンパワーメント）（後略）」（10項），さらには「お客様を
一人として失ってはいけません。（中略）苦情を受けた人はそれを自分のも
のとして受け止め，お客様が満足するように解決し，そして記録します」
(13項) とつづいていた。
　例えば，従業員が顧客の特別なニーズに直面した際，通常であれば上司に
伺いをたてる必要がある。この方法では顧客を待たせてしまい，その上で要
望をお断りすることさえある。しかし，リッツ・カールトンでは従業員ひと
りひとりが判断し対応にあたることが基本行動であるため，その場をもっと
もよく理解する従業員が最適な対処を取ることが可能となる。従業員は判断
と対応を一任されることで仕事に誇りとやりがいを見出し，さらなる高みを
求めて経験を積み重ねることができる。

　１人の従業員が１人の顧客にとことん尽くし，その接客に責任をもつのが
リッツ・カールトンのスタイルである。それを実現するためには，同僚，ひ
いては会社全体が一人ひとりの従業員をサポートする体制が必須であった。
例えば，ある従業員が突発的な事象に際し本来の持ち場を離れなければなら
ないとき，気持ちよく代わってフォローをしてくれる同僚がいるかどうかは
大きな問題となる。本人では対応しきれず部門をまたいで担当者に対応を依
頼する場合もまた同様である。

従業員は内部顧客であり，その全員が紳士淑女であるからこそ，同僚のサポートや部門を超えての依頼に誠心誠意対応する風土が生まれる。さらに，自分を助けてくれた同僚に感謝状（ファースト・クラス）を送り，感謝の気持ちを伝える習慣や，素晴らしい活躍をした従業員を会社が表彰し豪華な景品を贈る「ファイブスター表彰プログラム」などの仕組みもあった。単なる部門間の助け合いという意味にとどまらず，全員が一丸となって顧客満足を追求するという部門の垣根を越えた組織風土が特徴的であった。

　リッツ・カールトンのサービスの特徴は，従業員一人ひとりが実践するパーソナル・サービスであった。たとえグループの顧客でも一人ひとり個別の要望をもっている個人の顧客と捉え，その人のニーズに合ったサービス，おもてなしを提供するように心がけられていた。個々の従業員が顧客との会話や仕草から「このお客様は何を求めておられるか」を先読みし，顧客が要望する前に声をかけるなど，従業員一人ひとりにその判断と対応を任せていた。

　こういった従業員に期待される行動を実際の行動に結びつけるために，リッツ・カールトンでは採用段階で，過去の仕事や経験よりも価値観が合うことを重視した。採用に際しては，ホスピタリティや資質を科学的に審査するプログラムを開発し活用していた。さらには，入社後も個々のスキルやモチベーションにばらつきが生じないよう，毎年ゴールド・スタンダードの再確認をおこなっていた。

　一方，それだけでは個人の気配りの範疇である。同社では，様々なセクションで対応したサービスの結果やその時に得られた顧客の好みを記録，一元管理し，それら情報の共有化を図っていた。
　具体的には，①従業員は顧客の会話などから得られた情報を「ゲスト・パーソナル・プリファレンス」（通称：プリファレンス・パッド）というカードに記録し，ゲスト・ヒストリー・コーディネーターに提出し，②その情報はゲスト一人ひとりの記録としてコンピュータに登録され，③宿泊予定

者のリストと共にその個別情報が全セクションに回覧された。

　そして，一人ひとりの好みや嗜好に合わせてキメ細かい対応が行われ，リピーターになればなるほど「我が家にいるような居心地の良さ」が味わえるように意図されていた。また情報は各部門，個人で共有化されるので，初めて出会う担当者がその情報を利用してさらに親しい会話を繰り広げることも可能であった。リッツ・カールトン・ミスティーク（神秘性），つまり顧客の感動や驚きはこのような工夫から実現されていた。個人の気配り，そしてその情報を積み上げ共有化するシステム，この両面からのアプローチが重要であった。

　リッツ・カールトンでは，不満と満足の両面から顧客満足の維持と向上が推進されていた。予約通り部屋が準備されている，部屋には全くゴミがないなど，ひとつでも欠けると不満が生じるサービスについてはチェックリストにより厳しく管理され，徹底的に欠陥ゼロへ挑戦を重ねていた。その一方で，すべての従業員が顧客の会話の中で様々な情報を収集し，個々の要望やニーズをよみとり，顧客も予想しないパーソナルな対応で「満足を高める」ことに全力が傾けられた。

　顧客が抱く高い期待には「システム」で対応しなくては欠陥がなくなることはない。しかしそれだけでは感動は生まれない。最後の鍵はスタッフ一人ひとりの資質である。「クレド・カード」には全世界共通の哲学や行動基準

図表18-1 ● ザ・リッツ・カールトン・ホテル・カンパニーのクレド・カード

サービスの3ステップ

1
あたたかい，心からのごあいさつを。
お客様をお名前でお呼びするよう
心がけます。

2
お客様のニーズを先読みし
おこたえします。

3
感じのよいお見送りを。
さようならのごあいさつは心をこめて。
できるだけお客様のお名前をそえるよう
心がけます。

*"We Are
Ladies and
Gentlemen
Serving
Ladies and
Gentlemen"*

従業員への約束

リッツ・カールトンでは
お客様へお約束したサービスを
提供する上で，紳士・淑女こそが
もっとも大切な資源です。

信頼，誠実，尊敬，高潔，決意を
原則とし，私たちは，個人と会社の
ためになるよう，持てる才能を育成し，
最大限に伸ばします。

多様性を尊重し，充実した生活を深め，
個人のこころざしを実現し，
リッツ・カールトン・ミスティーク
（神秘性）を高める…
リッツ・カールトンは，このような
職場環境をはぐくみます。

THE RITZ-CARLTON®

クレド

リッツ・カールトン・ホテルは
お客様への心のこもったおもてなしと
快適さを提供することを
もっとも大切な使命とこころえています。
私たちは，お客様に心あたたまる，くつろいだ
そして洗練された雰囲気を
常にお楽しみいただくために
最高のパーソナル・サービスと施設を
提供することをお約束します。
リッツ・カールトンでお客様が経験されるもの，
それは，感覚を満たすここちよさ，
満ち足りた幸福感
そしてお客様が言葉にされない
細やかなニーズをも先読みしておこたえする
サービスの心です。

が記載される，いわばリッツ・カールトンのバイブルである。全社員が毎日のミーティングで話し合い，このホテルが何を大切にして何を目指すかを個人個人が心に刻む。理念や哲学は額に入れて飾るものではなく，心に置くものである。同社ではこのようなポリシーがもたれていた。

　本ケースは，株式会社ブロックスの承諾のもと，同社監修「感動伝説を生むサービス！（前編・後編）」（ビデオ）に基づいて構成したものである。同社のご厚意にお礼申し上げたい。なお，「クレド」，「従業員への約束」，「サービスの3ステップ」，「ザ・リッツ・カールトン・ベーシック」の著作権はザ・リッツ・カールトン・ホテル・カンパニーに帰属するものである。

19

バーミキュラ

　愛知ドビー㈱は，1936年に創業した名古屋市中川区にある鋳造部品メーカーである。元来，ドビー機というドビー織りのための繊維機械をつくっていたが，繊維不況をうけ，船舶などの産業機械部品へとシフトしていた。強みは鋳造と機械加工の両部門を持つことだが，三代目である土方邦裕氏が入社した2001年には，売上はピーク時の1/4に減少し，約2億円となっていた。邦裕氏は豊田通商の為替ディーラーという経歴であったが，自ら鋳造現場に入り鋳造技師の資格も取得した。全工程を体得し，業務改善を行い赤字からようやく脱却した。2006年，トヨタ自動車の管理部門出身の弟，土方智晴氏が兄に請われて入社した。智晴氏が機械加工部門を強化し，経営は安定したという。多品種少量型の生産技術を持ちつつ高度な品質管理を実現する仕組みを整えた。売上は5億円を超えたものの，誰でも作ることができる設計部品を作る下請けであることの不安をもち，B to C市場への進出を決意する。

　最終製品を作ろうとした理由は，そういった不安だけでなかった。職人たちにメーカーの誇りを取り戻してあげたいという想いもその1つであった。ドビー機を作っていた頃には，製品には「愛知ドビー」と書かれており，それが誇りであり，また，ユーザーから感謝してもらえることもあった。しかし，今では，納入先から毎年コストダウンを要求されるだけで，自社の製品がどのように使われているのか，だれが感謝してくれているのかがわからなくなっていた。そこで，「ありがとう」と言ってもらえるような環境をつくり，働く人々の誇りを取り戻したいと考えたのである。

　その頃，鋳物ホーロー鍋が人気を集めていた。遠赤外線加熱効果などで素材にじっくり熱を伝えることで素材本来のうまみを存分に引き出せる鍋である。他にも，素材の持つ水分だけで煮炊きできる無水調理が可能なステンレス鍋も人気であった。これまでの鋳造技術では，無水調理鍋に必要な蓋と本

体との密閉性が低いものしか作れなかった。しかし，「精密加工技術を併せ持つ愛知ドビーなら，蓋と本体との密閉性が高いものを作ることができるのではないか。」→「それができるなら，世界のどこにもない鍋を作ることができる。」→「これが可能になれば世界中の人々に喜んでもらえるはずである。」そう考え，開発に乗り出した。

　ところが鋳物を作ることには長けていても，ホーロー加工する技術は持ち合わせていなかった。ホーロー加工は，ガラス質の釉薬を吹き付け800度で焼成するのだが，740度を超えると鋳物の組織が変わり気泡ができる。成分を少しずつ調整しながらの試行錯誤が続いた。開発が難航するなか，リーマンショックがおこり売上は落ち込んだ。ようやく試作品を作ることができるようになっても，量産体制を確立するのに苦戦した。「1万個の不良品をつくったと思う」というほど，苦戦しながらも，2010年の2月には，世界初の無水調理対応の鋳物ホーロー鍋「バーミキュラ」を発売することができた。このバーミキュラは，ものづくりと世界観づくりの2つを極めることで，値引き販売のない強いブランドとなり累計61万個（2019年12月末時点）を誇るヒット商品となっていた。

　発売当時，バーミキュラの想定した顧客像は，40歳くらいの生活に余裕がある情報感度の高い主婦であった。製品は，素材本来の味を引き出せる無水調理が可能となる鋳物ホーロー鍋である。本体と蓋をピタリと密閉させるために，精度だけでなくその角度まで細かくこだわった構造になっている。鍋の底のリブ（出っ張り）が食材を点で支え，食材に過剰な熱が直接伝わらないようにしている。リブを高くすると食材は焦げにくいが，洗いにくくなる。そのバランスがとれる形状を追求している。食材を入れ，水を入れずに弱火で加熱していくことで，食材から出た水分で調理することができるのである。それが可能となったのは，密閉度の高さや細かな工夫によるものであった。

　価格は当時23,800円（税込）〜であり，鍋としては高級品である。当初は自社のウェブショップを通じた販売だけであったが，2011年には百貨店

へ，さらに2015年には家電量販店へも販路を広げていった。その場合もほとんどが問屋を通さない直接取引を行っていた。愛知ドビーの営業が直接出向き，売り場を管理していた。

プロモーションは，ウェブサイトでの丁寧なコミュニケーション，メディアへのパブリシティ提供，料理研究家など専門家をインフルエンサーとしたコミュニケーション，そして顧客の囲い込みである。

まず，広告とPRの違いを勉強し，PRを重視した。発売前に料理研究家や料理ブロガーに鍋を使ってもらうことで，口コミで広がっていった。それを契機に，2010年1月の「はなまるマーケット」で取り上げてもらった。テレビで報道されたことで，発売前に一気に注文が増え，入荷待ちとなってしまった。2010年のメディアへの登場は，TVが15，雑誌9，新聞5，ウェブ媒体3である。当初の『日経ビジネス』の報道では，下請けメーカーの兄弟が技術を磨いて商品開発をするといったストーリーで取り上げられていたが，発売後は入荷待ちになったこともあり，料理雑誌などでヒット商品として取り上げられる傾向になった。メディアによる取材は年々増加し，現在では取材申し込みに対応するだけでも数多くの露出機会があり，たとえば2019年は625回ものメディアへの露出があった。広報部門には専任担当者を置き，メディア・リレーションを行っている。

また，インターネットでの販売を主にしていたため，メルマガやコールセンターで直接，顧客とつながっていった。「購入から，レシピ，修理まで，一生サポート」と，購入前の相談だけでなく，レシピや使い方に答えるだけでなく，修理までずっと顧客と付き合う姿勢であった。

製品の機能は，顧客に喜んでもらえる高水準のものであることには自信があった。ただ，それだけではブランド力はあがっていかない。「バーミキュラのある生活」という世界観を提示していく必要があった。

ブランドづくりのために，顧客との接点となる場を大切にしていた。たとえば，顧客が目にするクリエイティブの質に徹底的にこだわっていた。それを実現するために，コンランショップでPRとして活躍していた人材を採用

し，ブランドのクリエイティブ担当として入社してもらった。彼らと副社長のごく少数のメンバーでクリエイティブの方向性を決めていた。統一したバーミキュラのイメージは，口で伝えるものではない。製品そのものはもちろん，製品と一緒に送られるレシピ本，直接の窓口となる自社サイトホームページのデザイン，SNSで使用する写真まで，そのクオリティを維持するために，資金も手間も惜しまずかけている。バーミキュラのミッションはホームページで以下のように説明されている。「"手料理と，生きよう。"をブランドスローガンに掲げ，素材本来の味を楽しむライフスタイルを通じて，世界中に手料理のある暮らしの素晴らしさをお届けする事がバーミキュラブランドの使命です。」

　さらに，流通政策もブランディングを見据えている。現在の販路は，ウェブでの直販を中心としつつも，百貨店と家電量販店での販売も行っている。ただし，それも愛知ドビーがバーミキュラブランドの世界観にマッチしていると考える全国の400店舗だけである（2019年）。これらの販売店には什器を提供し，バーミキュラの世界観を伝えることができる売り場づくりを行っており，そのうちの約50店舗で，正社員である販売員が接客対応をしている（2019年）。やはり，製品に愛をもってくれる販売員でないと，ブランドの世界観は伝わらないと考えている。これらの販売員を集めての本社での研修も随時，行っている。

　家電量販店では，ビックカメラ，ヨドバシカメラ，エディオンとの取引，それも，旗艦店を中心に取引をお願いしていた。そして，ブランド価値を維持するように，販売店に協力を依頼した。

　百貨店においても，キッチンフロアでの存在感を示さなくてはいけない。ウィンドウショッピングしたくなるような商品ラインナップを揃え，百貨店のキッチンフロアを引っ張っていかないといけないと考えている。そのために，鍋だけでなく様々なキッチンウエアの品揃えを豊富にし，バーミキュラの世界観のあるキッチンを提示できることが必要であった。

　メインの販路であるウェブショップは，バーミキュラの世界観を伝えることが重要な役割を担うと考えていた。そのため，ウェブのクリエイティブの

クオリティにはこだわっている。

　また，バーミキュラ・コンシェルジュという社内資格を設定している。100品以上の料理を作っている，他社鍋との比較をしているなどの要件を満たし，調理試験に合格することで初めて取得できる。その数は21名（2019年）である。彼らが店舗やオーナーズデスクで接客を行っている。

　ホームページでのレシピ公開，マガジンハウスや料理研究家とのコラボによるレシピ本の制作なども実施し，製品づくりだけでなく「バーミキュラのある生活」を実現させるためのソフトウエアを徹底的にこだわりながら提供してきていた。

　2016年12月には79,800円（税別）のバーミキュラ ライスポットを発売した。火加減などの問題で調理がうまくいかなかったという声を受け，誰でも簡単に調理を楽しんでもらうことができるようにしたのである。バーミキュラの鋳物ホーロー鍋に，火加減調節を自動化する理想的な熱源を組み合わせた炊飯器である。調理モードで利用すると，無水調理，ロースト，炒め調理，スチーム，低温調理といった様々な調理が可能であった。この製品は家電業界で話題となり，入荷待ちの状態が続いた。

　そして，新規事業の製造へ工場のリソースを確保するために，2017年5月，BtoBの既存事業の鋳造部品から撤退した。売上高は16億円（2016年11月期），45億円（2017年11月期）と成長し，2018年11月期は39億円である。このライスポットは，グッドデザイン賞を始め多くの賞を獲得している。

　2019年1月には，Musui-Kamado（ムスイ–カマド）いうブランド名で，アメリカでの発売を開始している。1年以上前からロサンゼルス支社を構え，アメリカの暮らしに根ざしたレシピ本も制作し提案している。

　2019年12月上旬，名古屋市中川運河沿いに初のブランド体験型複合施設「VERMICULAR VILLAGE（バーミキュラ ビレッジ）」をオープンした。

バーミキュラ　　　　　　　　　　　バーミキュラ ライスポット

写真提供：愛知ドビー

［謝辞］　本ケースの作成・掲載にあたり，愛知ドビー株式会社 代表取締役社長
土方邦裕氏に協力をいただいた。ここに感謝を申し上げたい。

【引用文献・記事】
愛知ドビー㈱　ホームページ　https://www.vermicular.jp/
栗原進「有名シェフたちも絶賛する"バーミキュラ"とは」Mugendai，2019.3.19。
　　https://www.mugendai-web.jp/
「町工場の挑戦　愛知ドビー」『日経トップリーダー』日経BP，2015年5月号。
「中小企業かく守れり」『日経ビジネス』日経BP，2009年11月30日。

20 可児市文化創造センター
ala
<ruby>ala<rt>アーラ</rt></ruby>

　コンサートや演劇，寄席，映画祭，市民参加のワークショップなどのイベントを，年間536回（2018年度）というペースで行う劇場がある。人口約10万人の岐阜県可児市で，年間来館者数30万人以上を誇る可児市文化創造センター「ala（アーラ）」である。

　館長の衛紀生氏が「劇場は地域に何ができるのか」を考え，その理念を「芸術の殿堂ではなく，人間の家」とし社会包摂を進めてきた日本で稀有な施設である。社会包摂とは，社会的孤立による社会的排除と対比して使われる言葉で，つながりの貧困に陥っている社会的弱者を，政策により社会参加の機会をつくりだすことである。

　可児市は愛知県との県境に位置する人口10万2,418人（2019年8月）の地方都市である。名古屋市や岐阜市から30km圏内であるため，ベッドタウンとして高度成長期に人口が増加してきており，県下最大級の工業団地を有している。外国人居住者比率は7.3％（2019年2月）であり，その国籍はフィリピンやブラジルが多数を占めている。

　この可児市に2002年7月，総事業費128.4億円でオープンしたのが，アーラである。主劇場（1,019席），小劇場（311席），映像シアター（100席），音楽ロフト，美術ロフト，演劇ロフト，演劇練習室，音楽練習室，ギャラリー，レストランなどを備えた文化施設である。公益財団法人可児市文化芸術振興財団が随意契約の指定管理者として運営をまかされている。2007年に衛紀生氏が館長に就任し，7年目にして，来館者数は約20万人増加，観客数3.68倍増加という数字を達成していた。年間の事業費は約6億円であり，そのうち約5億円が指定管理料や補助金などによる公的資金によるもので，入場料や参加料などによる収入は約6千程度である。

衛紀生氏は演劇評論家としてのキャリアののち，小劇場ブームからくる娯楽志向の東京の演劇界へ疑問を感じ，地方から演劇界を変えられないかと，地方の劇場ホールを訪ね歩いたという。そのとき自閉症児や学習障害児たちが参加する「のこのこ劇団」で多動性障害の少女「あゆみちゃん」と出会った。多動性障害の人は変化に対してパニックを起こすことがある。しかし彼女は，よそ者がやってくるという変化の中，衛氏に対して絵本を通じてコミュニケーションをとろうとしてきたのだった。その姿に，衛氏は芝居の社会的価値に気づかされることになる。「芝居としては面白くないし，芸術的価値や評価はゼロに近い。だけど，社会的価値にあふれている芝居でした。そこにこそ光を当てなければ，演劇人としては貧しいんじゃないかと思ったんです。」

　「一部の愛好家による“芸術の殿堂”ではなく，すべての人間にとって心の拠り所となる市民劇場をつくりたいと思いました。誰しもが自らの家と呼べるような社会的価値のある“人間の家”をね。」

　衛氏は公立劇場が社会課題に対して何ができるかという視点から，様々な改革を行っていく。税金を使っているのだから，劇場を一部の愛好家の独占物として位置づけるのは「社会正義」と「機会の公平性」に著しく反している。すべての市民を対象として地域社会の解決すべき課題に対応する多様なサービスを供給するというのが，その考え方である。劇場に来る愛好家はたった2％だが，公立劇場がそこだけを相手にしているわけにはいかない。残りの98％へ，劇場から一番遠い人々にアーラを届けるということをやっていかないといけない。

　そのために，新日本フィルハーモニー交響楽団および文学座と地域拠点契約を結び質の高い芸術を届ける一方で，芸術の社会包摂機能を果たすことができる「ala まち元気プロジェクト」など多様なプログラムを実施している。

　2012年，県の教育長からの要請で，県立東濃高校で文学座によるコミュニケーションワークショップが始まった。当時，東濃高校は問題校と呼ばれ

ており，学力やコミュニケーションの問題などによる中退者が多く，卒業する割合が60％を切る状況にあった。生徒の無気力感，あいさつができない，といった学校生活への参加意欲のない状況であり，荒れているというよりはコミュニケーションがとれず自己肯定感が持てない，そのため夢を持てない生徒が多かった。そこで，新入生を対象にクラス単位で110分のワークショップを年3回実施した。その手法は，演劇の分野で俳優の基礎能力向上のために使われているシアターゲームである。

　その結果，年平均40名だった中途退学者を，プロジェクト始動3年間で9人にまで減少させた。入学者が毎年約120人であることを考えると，これは劇的な変化であるといえるだろう。

　中途退学者を減らすことができれば，地元企業に就職する人材を増やすことにつながり，健全な納税者と社会保険の負担者の裾野を拡大して，10年，20年後の少子化対策の成果ともなり健全な地域経営を実現することになる。充分な政策エビデンスをもつプロジェクトであることを，SROI（Social Return on Investment：社会的投資収益率）を使って数値化し説明したのである。このプロジェクトのSROIは9.86と算出されており，これは，事業経費に100万円を投入すると986万円の社会コスト・行政コストが削減されたということを意味する。

　衛氏はマーケティング志向の館長であり，スタッフが顧客と向き合うために顧客コミュニケーション室をつくった。そこでの改革の1つが，チケットの価格マネジメントである。まずインターネットでチケットを買えるようにし，さらに様々な割引チケットを用意している。

　1つ目が，公演日が近づくにつれ段々安くなる「DAN-DAN チケット」である。公演日の1週間前から20％割引，当日は半額である。

　2つ目が「ビッグコミュニケーションチケット」というグループ割引チケットである。同時購入すれば4〜5人で10％割引，6〜7人で20％割引，8人以上は30％割引である。

　3つ目が「パッケージチケット」である。年間の2〜4公演をパッケージ

化し20％割引でセット販売している。「ウエルカムホーム（新日本フィル，文学座など）」「演劇まるかじり」「まるごとクラシック」「かに寄席」「アラカルト」など様々な組み合わせのパッケージが用意されている。このパッケージチケットを2年連続で購入すると25％割引，3年連続では30％割引となる。先行発売にも対応しており，その時に「プラス友だちチケット」の購入も可能である。

　これらの取り組みは単に経済的な側面だけを追っているのではない。満席の会場をつくることで顧客体験の質を上げていくことや，予算制約のある顧客への配慮を意図している。さらに，ビッグコミュニケーションチケットでは，ひとりの観客の後ろにいる潜在顧客にアプローチしている。このチケットを買おうとする最初の一人は，アーラのインフルエンサーであり，劇場のアンバサダーでもある。彼らが家族や友人，同僚たちを誘うきっかけをつくり，同じ体験をした人たちがお茶や食事をして話や交流を楽しむための提案であるという。パッケージチケットでは，観客がまた帰ってくる家として機能することを意図しており，さらにそこへ友人や家族をさそってもらう仕組みでもある。

　文化芸術の社会包摂機能を稼働させたのが「ala まち元気プロジェクト」である。「つながりの貧困」と「自己肯定感の貧困」に，誰も陥らないための「まちを元気にする処方箋」として2009年に年間265回で始められた。「誰も孤立させない」をミッションに継続され，近年では年間400回を超えている。前述の東濃高校でのワークショップもこのプロジェクトのひとつである。

　市内の小学校にでかけていく「児童・生徒のためのコミュニケーションワークショップ」では，SROIが2.31と算出されている。他にも多くの市民が参加する「大型市民参加公演　市民ミュージカル "君といた夏〜スタンド・バイ・ミー可児〜"」，障害のある人たちによるアートの展覧会「エイブル・アート展」，朗読ワークショップから始まった「アーラ紙芝居一座　市内巡回公演」，障害・国籍・年代・性別などすべての垣根を超えて楽しむダ

ンス企画「みんなのディスコ」，異なる言葉や文化を持った人が参加して創り上げる「多文化共生プロジェクト2017"おはなし工作ものがたり5"〜演劇工作アトラクション」，小さな子どもや障害のある人にも開かれた「新日本フィルハーモニー交響楽団メンバーによるオープン・シアターコンサート」，アウトリーチに出かける「新日本フィルおでかけコンサート」57日間の間，毎日1組のための点灯式を実施する「アーラ・イルミネーション」など，多様な人々を対象にしたプログラムが数多く実施されてきている。

　そこでは，障害者，外国籍の人，シニア，小さな子どもを抱えた人たち，あらゆる人々に向けてプログラムが実施されている。解決しなければならない課題を抱えている福祉施設や不登校児のフリースクールなどの多くの施設と連携している。会場へ来てもらうのではなく届けに行く。そこで様々なつながりが生まれるように，つくりあげるプロセスを重視している。

　文化芸術が創り出すこのプラットフォームで「自分の物語」と「他者の物語」が衝突するとコミュニケーションが活発になり，コミュニティの「絆」がさらに強くなるのだという。そして，「つながりの構築および再構築」がなされていく。

　ただし，価値観の定まっていない子どもたちの舞台鑑賞の場合，彼らに「自分の物語」を紡ぐための「鑑賞のための糸口」が必要となるため，事前のレクチャーなどの仕掛けをするといった工夫もなされている。

　2011年に開始したのが，アーラが主催・共催する公演チケットを，地元企業や個人の有志が中高生にプレゼントする「私のあしながおじさんプロジェクト」である。公演を鑑賞する中高生を募集するチラシを学校へ配布し，生徒は自ら好きな公演に申し込む。年間3公演まで行うことができる。2018年の寄付金は121万円が集まり，対象となる13公演の鑑賞者はのべ254人であった。

　さらに，2015年からは「私のあしながおじさんプロジェクト for Family」を開始している。公的な援助制度を受けている家庭を対象に，公演に招待するのである。親がダブルワークなどで忙しく顔を合わせる機会が少ない家庭

に，音楽や演劇を鑑賞するという共通体験を提供し，家族の間のコミュニケーションを取り戻してもらおうとすることが狙いである。

年に1回「贈呈式」が行われ，協賛した企業と中高生が顔を合わせる機会がある。また，子どもたちには鑑賞後に感想やお礼の手紙を書いてもらい，協賛企業に届けている。協賛企業にとっては，相手の顔が見えること，子どもたちの心の変化を知ることなどで，「役立った」という実感を得ることができ，支援継続の動機となっており，支援企業の離脱はないという。

[謝辞]　本ケースの作成・掲載にあたり，可児市文化創造センター　館長兼劇場総監督　衛紀生氏，事業制作課　主任　半田将仁氏に協力をいただいた。ここに感謝を申し上げたい。

【引用文献・記事】
可児市文化創造センター　ホームページ　「館長の部屋」
　　https://www.kpac.or.jp/kantyou/essay_208.html
岸沙織「市民の居場所となった"通いたくなる劇場"岐阜県可児市から始まる演劇革命」週刊女性プライム，2018.12.16。
藤井亜希子『アートによる社会包摂活動と企業メセナ』公益社団法人　企業メセナ協議会，Associate Report，2017。

21

キーエンス

　㈱キーエンスは，センサーをはじめとする産業用測定機器や制御機器などの開発・製造・販売を行っている工場をもたない「ファブレスメーカー」である。ファクトリーオートメーション（FA）化が進んだ現代の製造工程において，その生産性向上に寄与する製品を多く扱っている（図表21-1参照）。

　ごく一部のハイテクホビー商品を除いてはコンシューマー向け商品の製造・販売をしていないため，一般的な知名度は高くはないが，1989年の上場以来，平均して40％を超える極めて高い売上高営業利益率を上げ続けている。同社の「最小の資本と人で最大の付加価値をあげる」というコーポレートポリシーをまさに実現している。

　同社の時価総額は，ソニーやパナソニック，日立製作所といった日本を代表する企業を抑え電機業界でトップとなっている（2019年7月末時点）。

　キーエンスは商品の性格やマーケットにより8つの事業部から構成される。各事業部に，それぞれ営業・販売促進・商品企画・商品開発グループが設けられている。

　同社では市場や顧客情報の収集は相当に力が入れられている。直接の窓口は，全社員の半数以上を占めるというセールスマンである。同社のセールスマンは，ただ単に商品を売るだけではなく，顧客のニーズを探り出すことにより重きを置いて活動している。そのため彼ら／彼女らは，大企業から中小企業まで国内だけで5万社におよぶ膨大な顧客との接触頻度を高め，実際に商品が使用される顧客の現場に深く入り込み観察を行う。それによって，顕在化した要求や不満はもとより，その裏側に潜む顧客自身ですら気付いていない本質的な問題を探り出すことに力を注いでいる。

　キーエンスが直販営業体制を堅守する理由の一つがここにあるという。代理店を経由した間接的な顧客との接触では，密度の高い情報は到底入手困難

図表21-1 ● キーエンスの商品一覧

商品一覧

▸ センサ	▸ 判別変位センサ	▸ 変位計 寸法測定器
▸ 安全機器	▸ 画像処理システム 画像センサ	▸ 投影機 画像寸法測定器
▸ PLC/モータ	▸ マイクロスコープ	▸ 測定機・三次元測定機 3Dスキャナ
▸ タッチパネル FAデータ収集	▸ データロガー 記録計	▸ 粗さ計/形状測定機 顕微鏡/SEM
▸ ハンディターミナル	▸ レーザマーカ 産業用インクジェット	▸ 流量センサ/圧力センサ レベルセンサ
▸ 固定式コードリーダ	▸ 3Dプリンタ	▸ 静電気対策機器 イオナイザ

出所：㈱キーエンス　ホームページ　https://www.keyence.co.jp/

なためである。同社では，営業グループにより収集された各種情報を社内の他グループに伝達するツールがあり，定常業務の中で，組織的，定型的に情報収集が行われており，高度にシステム化されている。

　まず，「ニーズカード」と呼ばれる顧客の潜在ニーズを記入するシートがあり，営業一人当たりほぼ月1回の提出が目標とされる。この情報は，商品企画グループが集約し新商品企画立案の参考とする。新商品企画に採用されたカードは表彰され，提出者には報奨金が出る。表彰されたカードの内容については，全セールスマンで共有されるが，そのほかのカードの内容については，個々にフィードバックはされない。

　一方，顧客への提案事例は「アプリケーション事例」として報告される。採用不採用は問わず，どのような提案を行い，どの点が顧客に評価されたかを報告することになっている。また，顧客がどのように使用しているかについても，想定外の用途や使いこなしの事例も含め収集される。販売促進グループで集計し，評価の高い事例，また横展開可能な事例については，全

セールスマンにフィードバックされるが，全体像は公開されない。報告の件数・内容に応じて報告者の評価に加算がなされる。

こういった顧客のニーズや提案に関する情報とともに，顧客についての詳細の情報も「顧客データベース」として蓄積されている。そこでは，決裁システム，決裁時期，予算金額およびその消化具合，キーパーソンの趣味まで顧客の詳細な情報が記載され，そのための定型フォーマットも用意されている。さらに，競合他社情報についての記入項目も設けられている。失注した場合は，販売促進グループより詳細な報告が求められる。データベースの内容は，相互閲覧可能であり，内容を元にセールスマン同士で情報交換を行う場合も多い。アプリケーション事例と同様に，件数・内容に応じた評価加算が行われる。営業グループの役割は基本的に顧客情報の収集までであり，収集以降の情報の整理や分析は，販売促進グループや商品企画グループの開発担当者が主導的な役割を果たしている。

一方，営業グループによって収集された各種の情報は，その内容により社内連絡先が分類されている。ニーズカードの内容については，全件，商品企画グループが集約し新商品企画立案の参考として活用される。販売促進・商品企画グループ共に経験豊富なメンバーが少数で担当しており，情報の伝達範囲を限定することで，情報伝達の速度と質の確保・向上を図っている。

こうして収集された市場・顧客情報に対しては，新商品の開発に反映されるよう意図されている。新商品の企画については，商品企画グループを中心に，商品開発・販売促進グループの三者が協働し検討・立案する。検討に際しては，ニーズカードやアプリケーション事例は大いに参考にされるが，その検討過程においてメンバーは，直接顧客を訪問するなど，情報の徹底した検証を行い，精度を高めている。商品企画グループにより企画された新商品については，商品開発グループにより開発が行われることになるが，具体的な開発においては，数人から十数人と比較的小規模のプロジェクト体制が採用されており，開発段階での機動性を担保している。

キーエンスの新商品開発では，「顧客の欲しいというものはつくらない」

という。逆説的にも取れる言葉であるが，これは現に存在している顧客ニーズを解決するための商品は新規に開発しない，という意味である。なぜならば，今，目の前にある顧客の要望・不満は，競合メーカーにとってもたやすく把握できるニーズであり，その解決のための商品も（ある程度の技術があれば）容易に開発できることになる。結果として待っているのは，厳しい価格競争のみであり，同社の目指す「付加価値の最大化」は到底望めない。

そこでキーエンスは，収集した膨大かつ精度の高い情報を元に，顧客ですら気が付いていない問題を探り出し，そのソリューションを備えた商品を開発し，顧客に提案する。これらの商品は，潜在ニーズに対応するものであり，「世の中に無い」「世界初」の商品であることが多く，競合商品は限定的である。競合他社が追従して同様の商品を上市してくるまでは，その潜在ニーズに対する解決策を有するのは唯一キーエンスの商品のみであり，顧客にとっての価値は必然的に高まることとなる。

同社では，個別顧客のみのニーズに対する商品カスタマイズは一切行っていない。常に，市場トレンドの最大公約数的なニーズへのソリューションを備えた商品を念頭に開発を行っている。

このことによって，製造品種を少なく抑えることによる製造コストの削減が可能であり，これが利益率や価格競争力の向上に直接寄与する。また，在庫コストを抑えつつも，必要な在庫は確保しやすく，顧客への即納対応を可能にしている。センサーという商品の性質上，必要なときに可及的速やかな納入が担保されているか否かは，購入判断の際の重要な要素であり，顧客がキーエンス商品を選択する大きな要因の一つとなっている。

反面，顧客によっては，自己の抱える問題に対する100％の解決が得られない，という不満が発生する可能性がある。この不満は「コンサルティング営業」により補完している。

キーエンスの実践する「コンサルティング営業」は，単に商品を売り込むだけではなく，顧客の置かれている状況を徹底的に検証することで，何が問

題なのかを見極め，その解決策となる商品や使い方を提案する手法である。解決策の検討に際して，同社のセールスマンは，他の販促部隊によって展開される顧客の事例も参考にできるため，より具体的かつ効果的な解決策を立案することを可能になっている。また，この解決策の提案だけでなく，時間軸を利用した提案も行われている。これは，納期が早いということだけではなく，豊富な顧客データから，顧客の予算決定時期，装置の更新時期など状況・環境に合わせたタイムリーな提案を実行できることでもある。これらの手法は，そもそも，自社の商品に対する十分な知識と，密着による顧客の熟知なくしては成立しないものであり，直販体制を採用しつづけるキーエンスだからこそ可能であるといえる。

　このコンサルティング営業では，前述の「商品の標準化」の補完的な役割を果たすとともに，顧客の要望に的確なソリューションを提示することで，顧客のより一層の信頼を獲得することが可能になる。その結果，顧客はキーエンスに対する依存度を高め，以後の情報収集を含めた営業活動が行いやすくなるという。

　キーエンスの顧客によれば，「全般的に製品価格自体は競合他社よりも高いが，スピード（製品自体の納期，問い合わせに対する回答，新製品開発力，トラブル対応等）がキーエンス製品を選択する主たる理由だ」という。自動化の進んだ現在の製造現場においてセンサーの生産性に与える影響は大きく，欲しいと思ったときに入手できるかどうかは，選択に際しての重要な要素となる。

【引用文献・記事】

㈱キーエンス　ホームページ　https://www.keyence.co.jp/

小日向秀雄『新商品開発マネジメント』日本実業出版社，1999年。

佐竹誠也・余田拓郎『株式会社キーエンス：強気の市場志向経営』慶應ビジネス・スクールケース，2017年。

世界銀行（編），柴田勉・竹内弘高（共編），田村勝省（翻訳）『より高度の知識経済化で一層の発展を目指す日本：諸外国への教訓』一灯舎，2007年。

寺山正一「キーエンスの秘密」『日経ビジネス』日経BP，2003年10月27日号。

日経BPコンサルティング企業研究会『企業研究BOOK2015　キーエンス』日経BPコンサルティング，2013年。

延岡健太郎「ビジネスケース　キーエンス」『一橋ビジネスレビュー』2009年春号，東洋経済新報社，2009年，pp.112-128。

延岡健太郎『日本経済新聞』2017年3月17日朝刊。

▶設　問

※イントロダクション及びケース１，８（A）（B），13の設問は各章の末尾にあります。

◉ケース２

1．同社のサービスを利用する顧客の，洋服に対する消費行動（購買行動を含む）の特徴について考えてください。

2．同社の成功要因について考えてください。

3．同社が強みとする顧客への推奨が重要となる条件について考えてください。

◉ケース３

1．チェキの売上が再び急拡大した要因を整理してください。

2．チェキと同じように売り上げが再び拡大した商品を取り上げ，その要因について考えてください。

3．チェキにデジタル保存機能を付与すべきか否かについて論じてください。

◉ケース４

1．カーブスジャパンが多くの会員を獲得できた要因について整理してください。

2．カーブス会員の退会率が低い理由について整理してください。

3．カーブスジャパンの今後のマーケティング戦略について提案してください。

◉ケース５

1．コンサート（サービス財）とCD（モノ財）との違いを整理してください。

2．お客様は，どのようなニーズ（何を求めて）クラシックコンサートに来ているのでしょうか。いくつか挙げてみてください。あなたが提示したニーズと，宗次ホールの商品ラインの対応を考えてください。

3．クラシック音楽広め隊の仕組みは，このホールにどのように役立ったのでしょうか。

4．宗次ホールは今後，顧客を増やすためにどのような策を立てればよいでしょうか。

◉ケース６

1．顧客重視度と社員重視度のデータからどのようなことがわかりますか。

2．顧客満足度と顧客重視度のデータを分析してください。

3．分析結果を踏まえて，同社のとるべき施策を提示してください。

●ケース7

1. まいあめの情報は，どのような情報源を通じて，顧客に届いているのでしょうか。それらに共通する特徴を考えてください。
2. まいあめの情報がなぜ，これほどまでに話題になるのでしょうか。
3. まいあめの新事業を考えてください。

●ケース9

1. 相模屋食料の絹と木綿のとうふが，豆腐市場で成功することができたのはなぜですか。消費者の立場と，スーパーのバイヤーの立場について，それぞれ考えてみてください。
2. 「ザクとうふ」や「ナチュラルとうふ」は，絹や木綿のとうふと何が異なるのでしょうか。

●ケース10

1. 食酢市場と納豆市場の違いを考えてください。
2. その中で，ミツカンの活動内容の方向性の違いは何ですか。
3. 上記で整理したそれぞれの市場での活動内容は，どのように評価されるでしょうか。

●ケース11

1. 法人向けオフィス用品における市場ニーズを整理してください。
2. アスクルのサービスコンセプト（提供する価値）は何でしょうか。
3. また，そのコンセプトはなぜ市場で受け入れられたのでしょうか。

●ケース12

1. 寺田倉庫のビジネスモデルを整理してみてください。
2. 寺田倉庫のビジネスモデルの強みを考えてください。
3. minikura+ のプラットフォームを利用して，新たな事業を構想してください。

●ケース14

1. 小売店を通じた従来のお菓子のマーケティングと，置き菓子サービスにおけるマーケティングはどのように異なりますか。
2. グリコの置き菓子サービスのように，メーカーによる直接販売が効果的である条件について考えてください。
3. オフィスグリコの今後について予想してください。

◉ケース15

1．家事玄人のマーケティングを整理してください。
2．家事サービスの特徴を整理したうえで，家事サービスにおいていかなるマーケティングが求められるのか考えてください。
3．カジタクは家事支援サービス市場での競争激化と人手不足に対してどのように対応していくべきですか。

◉ケース16

1．消費者は，ベッドの購入時にどのような商品情報を考慮して購入の手がかりにしますか。
2．リアル店舗とネット専業店，それぞれが果たしている商業者の役割を比較してください。
3．フランスベッドは，今後，どのようにリアル店舗とネット専業店と付き合っていけばよいでしょうか。

◉ケース17

1．セブン‐イレブンの出店戦略は，一つのエリアに集中的に出店するドミナント戦略とよばれます。ドミナント戦略にはどのようなメリットがあるでしょうか。
2．コンビニエンスストアの多くは，ロイヤリティを粗利益に課す粗利分配方式を採用しています。この方式は，一般的なフランチャイズ・システムで採用される売上にロイヤリティを課す方式に比べどのようなメリット，デメリットがあるでしょうか。
3．セブン‐イレブンの平均日販が，他の大手 CVS チェーンに比べて高い理由はどこにあると思いますか。

◉ケース18

1．企業理念を従業員に浸透させるためにはどのような活動が求められるでしょうか。リッツ・カールトンの事例から考えてください。
2．よいサービスを提供するためにはエンパワーメントが欠かせないといわれます。なぜでしょうか。また，エンパワーメントを実践するためには，どのような工夫が必要だと思いますか。
3．ホテルのサービスを想定して，顧客の不満を解消するために必要なことと，満足を高めるために必要なことをあげてみてください。

◉ケース19

1．バーミキュラは，なぜ多くの流通店舗と取引ができたのでしょうか。

2．製品開発とブランド確立との違いを説明してください。

3．バーミキュラのブランディングの成功要因は何でしょうか。

◉ケース20

1．価格によって鑑賞者の行動はどのように変わるでしょうか。

2．公的な文化施設の役割を考えてください。

◉ケース21

1．キーエンスの新製品開発プロセスは，部品や素材を製造する一般的なB to B企業
　　プロセスと比べてどのような違いがあると思われますか。

2．B to B製品を標準化することのメリットとデメリットをあげてください。また，
　　製品を標準化する場合にはどのような点に留意すべきでしょうか。

3．キーエンスの利益率の高さは，何によってもたらされていると思いますか。

▶キーワードと次に読むべき本

◎ケース 1
キーワード

コモディティ化，セグメンテーションとターゲティング，マーケティング・ミックス，間接流通と直接流通

次に読むべき本

久保田進彦・澁谷覚・須永努『はじめてのマーケティング』有斐閣，2013年。
沼上幹『わかりやすいマーケティング戦略 新版』有斐閣，2008年。

◎ケース 2
キーワード

消費者の購買意思決定プロセス，消費者関与，サブスクリプション・ビジネス

次に読むべき本

青木幸弘・新倉貴士・佐々木壮太郎・松下光司『消費者行動論─マーケティングとブランド構築への応用』有斐閣，2012年。
アン・H・ジャンザー（著），小巻靖子（翻訳）『サブスクリプション・マーケティング──モノが売れない時代の顧客との関わり方』英治出版，2017年。

◎ケース 3
キーワード

プロダクトライフサイクル，競争優位，VRIO 分析

次に読むべき本

石井淳蔵・嶋口充輝・栗木契・余田拓郎『ゼミナール マーケティング入門（第2版）』日本経済新聞出版社，2013年。
ジェフリー・ムーア（著），栗原潔（翻訳）『ライフサイクル イノベーション 成熟市場＋コモディティ化に効く 14のイノベーション』翔泳社，2006年。

◎ケース 4

キーワード

ターゲティング，リテンション，ローコスト・オペレーション，フランチャイズ・ビジネス

次に読むべき本

小野譲司『顧客満足［CS］の知識』日本経済新聞出版社，2010年。

一般社団法人 日本フランチャイズチェーン協会（編）『改訂版 フランチャイズ・ハンドブック』商業界，2017年。

山本昭二『サービス・マーケティング入門』日本経済新聞出版社，2007年。

◎ケース 5

キーワード

サービス財の特徴，7Ps，バンドリング，リレーションシップ，アンバサダープログラム

次に読むべき本

辻幸恵・梅村修『アート・マーケティング』白桃書房，2006年。

藤崎実・徳力基彦『顧客視点の企業戦略──アンバサダープログラム的思考』宣伝会議，2017年。

◎ケース 6

キーワード

顧客満足度，満足度─インパクト分析，顧客重視度

次に読むべき本

小野譲司『顧客満足［CS］の知識』日本経済新聞出版社，2010年。

◎ケース 7

キーワード

商品コンセプト，事業の定義，ニュースバリュー，パブリシティ，メディア・リレーションズ

次に読むべき本

伊吹勇亮・川北眞紀子・北見幸一・関谷直也・薗部靖史『広報・PR論──パブ

リック・リレーションズの理論と実際』有斐閣，2014年。

水越康介『ソーシャルメディア・マーケティング』日本経済新聞出版社，2018年。

横山隆治『トリプルメディアマーケティング ソーシャルメディア，自社メディア，広告の連携戦略』インプレス，2010年。

◎ケース8

キーワード

競争戦略，差別化，店舗立地

次に読むべき本

楠木建『ストーリーとしての競争戦略 優れた戦略の条件』東洋経済新報社，2012年。

ガース サローナー・ジョエル ポドルニー・アンドレア シェパード（著），石倉洋子（翻訳）『戦略経営論』東洋経済新報社，2002年。

◎ケース9

キーワード

コモディティ市場，セグメンテーション，ターゲティング，マスマーケティング vs セグメントマーケティング

次に読むべき本

石井淳蔵・廣田章光・坂田隆文（編著）『1からのマーケティング・デザイン』碩学舎，2016年。

恩蔵直人『コモディティ化市場のマーケティング論理』有斐閣，2007年。

◎ケース10

キーワード

競争地位別戦略，寡占市場と競争市場

次に読むべき本

沼上幹『わかりやすいマーケティング戦略（新版）』有斐閣，2008年。

山田英夫『逆転の競争戦略（第4版）』生産性出版，2014年。

◎ケース11

キーワード

市場細分化，ターゲティング，生産財マーケティング

次に読むべき本

石井淳蔵・嶋口充輝・栗木契・余田拓郎『ゼミナール　マーケティング入門（第2
版）』日本経済新聞出版社，2013年。

W・チャン・キム，レネ・モボルニュ（著），入山章栄（監訳），有賀裕子（訳）
『[新版] ブルー・オーシャン戦略―競争のない世界を創造する』ダイヤモンド社，
2015年。

高嶋克義・南知惠子『生産財マーケティング』有斐閣，2006年。

◎ケース12

キーワード

プラットフォーム，取引依存度，サブスクリプション，標準化

次に読むべき本

根来龍之『プラットフォームの教科書 超速成長ネットワーク効果の基本と応用』
日経 BP，2017年。

山田英夫　『成功企業に潜む ビジネスモデルのルール―見えないところに競争力の
秘密がある』ダイヤモンド社，2017年。

◎ケース13

キーワード

マーケティング・ミックスの外的・内的一貫性，プッシュ型戦略とプル型戦略，
チャネル転換

次に読むべき本

石井淳蔵・嶋口充輝・栗木契・余田拓郎『ゼミナール マーケティング入門（第2
版）』日本経済新聞出版社，2013年。

池尾恭一『日本型マーケティングの革新』有斐閣，1999年。

◎**ケース14**

キーワード

組織購買行動，BtoCマーケティングとBtoBマーケティング，直接流通と間接流通，異質なチャネルの管理

次に読むべき本

原田英生・向山雅夫・渡辺達朗『ベーシック流通と商業 新版―現実から学ぶ理論と仕組み』有斐閣，2010年。

余田拓郎『BtoBマーケティング―日本企業のための成長シナリオ』東洋経済新報社，2011年。

◎**ケース15**

キーワード

マーケティング・ミックス，サービスの特性，サービス・マーケティング

次に読むべき本

近藤隆雄『サービス・マーケティング（第2版）』生産性出版，2010年。

山本昭二『サービス・マーケティング入門』日本経済新聞出版社，2007年。

◎**ケース16**

キーワード

商品特性（探索属性，経験属性，信頼属性），デュアル・チャネル問題，流通機能，オムニチャネル

次に読むべき本

石原武政・池尾恭一・佐藤善信『商業学』有斐閣，2000年。

上田隆穂『生活者視点で変わる小売業の未来―希望が買う気を呼び起こす 商圏マネジメントの重要性』 宣伝会議，2016年。

ダグ・スティーブンス（著），斎藤栄一郎（翻訳）『小売再生―リアル店舗はメディアになる』プレジデント社，2018年。

◎**ケース17**

キーワード

フランチャイズ・システム，コンビニエンスストア，ロイヤリティ

次に読むべき本

石原武政・竹村正明・細井謙一（編著）『1からの流通論（第2版）』碩学舎，2018年。

住谷宏編『流通論の基礎（第3版）』中央経済社，2019年。

矢作敏行『コンビニエンス・ストア・システムの革新性』日本経済新聞社，1994年。

◎ケース18

キーワード

企業理念，エンパワーメント（権限委譲），顧客満足

次に読むべき本

小野譲司『顧客満足［CS］の知識』日本経済新聞出版社，2010年。

クリストファー・ラブロック，ローレン・ライト（著），小宮路雅博（監訳），高畑泰・藤井大拙（翻訳）『サービス・マーケティング原理』白桃書房，2002年。

◎ケース19

キーワード

プッシュ戦略とプル戦略，メディア・リレーションズ，ブランド・タッチポイント（ブランド・コンタクト・ポイント）

次に読むべき本

伊吹勇亮・川北眞紀子・北見幸一・関谷直也・薗部靖史『広報・PR論──パブリック・リレーションズの理論と実際』有斐閣，2014年。

スコット M. デイビス，マイケル・ダン（著），電通ブランド・クリエーション・センター（訳）『ブランド価値を高める コンタクト・ポイント戦略』ダイヤモンド社，2004年。

田中洋（編）『ブランド戦略全書』有斐閣，2014年。

◎ケース20

キーワード

社会包摂，SROI（社会的投資収益率），ステークホルダー，文化政策，ダイナミックプライシング

次に読むべき本

ハーマン・サイモン（著），上田隆穂（監訳），渡部典子（訳）『価格の掟』中央経済社，2016年。

文化経済学会〈日本〉（編）『文化経済学―軌跡と展望』ミネルヴァ書房，2016年。

◎ケース21

キーワード

延期と投機の理論，組織営業，新製品開発プロセス

次に読むべき本

石井淳蔵『営業が変わる―顧客関係のマネジメント』岩波書店，2004年。

小林哲・南知惠子（編）『流通・営業戦略―現代のマーケティング戦略〈3〉』有斐閣，2004年。

あとがき

　ショートケースを集めた本へのニーズはありそうなのに，短いケースを集めた書籍が見当たりません。それならばと，この本の構想が持ち上がったのは4年前のことでした。打ち合わせでは，ケースをどのような理論で読み解くのか，さらにどのようにケースリードをするのか，ボードプランが重要だなど，ディスカッションを重ねました。少しずつ原稿がたまっていき，ようやく出版にこぎつけることができました。このときのディスカッションは，非常に貴重な経験でした。このような機会をいただけたのは幸運なことでした。

　どこまで解説をつけるのか悩みましたが，キーワードのみにとどめました。優れた教科書が多く出版されているので，そこを見てもらえばよいのではないかと。このショートケースに興味を持ってくれた読者が，キーワードを手がかりに理論本を調べてくれるとよいなと期待してのことです。

　今回，出版にあたり多くの方々にご協力をいただきましたことに感謝を申し上げねばなりません。特に，株式会社中央経済社の市田由紀子氏には長期間にわたって忍耐強くおつきあいいただき，多くの示唆をいただきました。南山大学の大学院生のみなさま，事業構想大学院大学の社会人学生のみなさまには，ケース教材を実際に使っていただき，原稿についてもご意見をいただきました。

　また，本研究は，JSPS科研費 JP17K03903助成を受けています。感謝申し上げます。

2020年春

著者一同

[著者紹介]

余田　拓郎（よだ　たくろう）

慶應義塾大学ビジネス・スクール 校長

東京大学工学部卒業，慶應義塾大学大学院経営管理研究科修了。住友電気工業㈱，慶應義塾大学大学院経営管理研究科教授などを経て2019年より現職。博士（経営学）。

専門は，経営管理，マーケティング戦略。

主な著書として，『BtoB 事業のための成分ブランディング』（中央経済社），『BtoB マーケティング』（東洋経済新報社），『ゼミナールマーケティング入門（第2版）』（共著，日本経済新聞出版社）などがある。

執筆分担：イントロダクション，ケース（6，8，11，17，18，21）

田嶋　規雄（たじま　のりお）

拓殖大学商学部教授

慶應義塾大学商学部卒業。同大学大学院商学研究科修士課程，同大学経営管理研究科博士課程修了。博士(経営学)。2016年より現職。専門はマーケティング，消費者行動。

主な著書として『文化を競争力とするマーケティング』（共著，中央経済社），『マーケティング理論の焦点』（共著，中央経済社），『戦略的マーケティングの構図』（共著，同文舘出版）などがある。

執筆分担：ケース（2，3，4，13，14，15）

川北眞紀子（かわきた　まきこ）

南山大学経営学部教授

筑波大学芸術専門学群で日本画を学び，卒業後㈱リクルートに入社。

退職後，広告事務所を主宰。社会人大学院生として名古屋市立大学経済学研究科修士課程修了，慶應義塾大学経営管理研究科博士課程にて博士（経営学）を取得。

専門は，マーケティング，広報，消費者行動，アート・マネジメント。

主な著書として『広報・PR論－パブリック・リレーションズの理論と実際』（共著，有斐閣）などがある。

執筆分担：ケース（1，5，7，9，10，12，16，19，20）

アクティブ・ラーニングのための
マーケティング・ショートケース
ビジネススクール流思考力トレーニング

2020年7月1日　第1版第1刷発行
2023年12月10日　第1版第4刷発行

著　者	余　田　拓　郎
	田　嶋　規　雄
	川　北　眞紀子
発行者	山　本　　　継
発行所	㈱中央経済社
発売元	㈱中央経済グループ パブリッシング

〒101-0051　東京都千代田区神田神保町1-35
電話　03（3293）3371（編集代表）
　　　03（3293）3381（営業代表）
https://www.chuokeizai.co.jp
印刷／東光整版印刷㈱
製本／㈲井上製本所

ⓒ 2020
Printed in Japan

ISBN 978-4-502-34821-1　C3034

研究方法論を正当化するロジックがわかる
学術論文執筆に不可欠の書

マネジメント 研究への招待

—研究方法の種類と選択—

須田敏子[著]

Ａ５判・ソフトカバー・264頁

目 次

中央経済社

あなたに合った手法がきっと見つかる！

労働・職場調査ガイドブック

―多様な手法で探索する働く人たちの世界―

梅崎 修・池田心豪・藤本 真[編著]

Ａ５判・ソフトカバー・260頁

中央経済社

いま新しい時代を切り開く基礎力と応用力を兼ね備えた人材が求められています。

このシリーズは，各学問分野の基本的な知識や標準的な考え方を学ぶことにプラスして，一人ひとりが主体的に思考し，行動できるような「学び」をサポートしています。

ベーシック＋専用HP

教員向けサポートも充実！

中央経済社